CURSO INTENSIVO DE ESPAÑOL

NIVELES INTERMEDIO Y SUPERIOR

EJERCICIOS PRÁCTICOS

J. FERNÁNDEZ - R. FENTE - J. SILES

CURSO INTENSIVO DE ESPAÑOL

EJERCICIOS PRÁCTICOS

NIVELES

INTERMEDIO SUPERIOR

Sociedad General Española de Librería, S.A.

Primera edición renovada, 1999

Produce: SGEL-Educación
      Avda. Valdelaparra, 29 - 28108 ALCOBENDAS (MADRID)

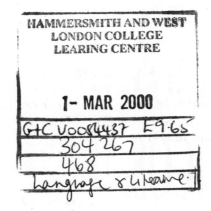
ISBN: 84-7143-759-7
Depósito Legal: M.24.076-1999
Impreso en España - Printed in Spain

Cubierta: Carla Esteban
Maqueta: Susana Martínez

Compone: CARÁCTER, S. A.
Imprime: SITTIC, S. L.
Encuaderna: F. MÉNDEZ

Introducción

Presentamos a profesores y alumnos de español como segunda lengua, esta nueva edición —totalmente revisada, actualizada, aumentada en su contenido y renovada en su formato— del tercer volumen (niveles intermedio y superior) de la serie Curso Intensivo de español. Serie compuesta, como es sabido tras su ya larga andadura con más de siete ediciones desde su total refundición en 1990, de tres libros de ejercicios graduados por orden de dificultad a partir del nivel cero de conocimientos hasta el superior avanzado, y uno de Gramática que la compelta.

Sigue esta nueva edición el criterio establecido en las anteriores: que es forzoso seleccionar y adaptar el léxico y estructuras sintácticas a cada nivel de enseñanza. De ahí que este tercer libro, sea, tanto por sus estructuras sintácticas como por su caudal léxico, mucho más rico y complejo que el que le precede en la serie, como corresponde al nivel intermedio/superior de su primer ciclo y al superior/avanzado del segundo.

Al igual que en los otros libros de la serie, éste incluye dos amplios índices: uno inicial por unidades didácticas y otro, situado al final, alfabético de conceptos, cuya consulta recomendamos encarecidamente, a que permite localizar de modo exhaustivo su contenido temático; pudiéndose elegir, si así se desease, los problemas específicos que interesen en cada momento, o bien emplearlo como un método siguiendo la secuencia de sus unidades, Es, incluso posible y nuestra experiencia lo avala, realizar, si se consulta ambos índices, verdaderos cursos monográficos sobre los temas más conflictivos del español para extranjeros.

Aparte, además de una Clave de soluciones a los ejercicios y de una guía didáctica, acompaña a esta edición, por vez primera, una versión electrónica en CD-ROM que permitirá al alumno, entre otras ventajas, no sólo evaluar sus respuestas, sino también corregir individualmente sus errores en la pantalla del ordenador. Toda la labor de puesta al día de esta edición, como de las anteriores, ha sido obra de Jesús Fernández Alvarez.

Por último queremos una vez más, expresar nuestra gratitud a tantos colegas y alumnos de todo el mundo por la excelente acogida que han dispensado y dispensan a Curso intensivo de español (Niveles intermedio y superior).

JESÚS FERNÁNDEZ ÁLVAREZ
RAFAEL FENTE GÓMEZ
JOSÉ SILES ARTÉS

Majadahonda (Madrid), verano de 1999.

Contenido

Curso intensivo de español, ejercicios prácticos, *niveles intermedio y superior,* en su nueva versión, consta de 64 unidades didácticas divididas en dos ciclos. Al primero corresponden las primeras 36 y al segundo las 28 restantes. En primer lugar figura un **Índice por unidades didácticas** muy detallado, cuyo objetivo es facilitar y guiar la labor del profesor y del alumno en cuanto a la programación y elección de los ejercicios y unidades más adecuadas en cada caso. Al final hay otro, éste: **Índice alfabético de conceptos** –también muy pormenorizado– que, como su nombre indica, localiza rápida y fácilmente los conceptos gramaticales o léxicos. Cada unidad tiene su explicación teórica en **Curso intensivo de español:** *Gramática,* de referencia obligada a los tres libros de ejercicios de la serie.

Como sucede en los dos libros de ejercicios anteriores, las unidades se articulan en torno a dos o tres ejercicios nucleares que en éste, por tratarse de los niveles intermedio-alto y superior, centra su atención en problemas sintácticos, excluyendo –salvo en raras excepciones– los estrictamente morfológicos. El resto de los ejercicios de cada unidad se han ideado y planteado como material de apoyo para dar variedad al trabajo diario y evitar una excesiva y contraproducente repetición de un tema dado con la consiguiente saturación o aburrimiento. Se incluye sistemáticamente uno o más ejercicios de léxico y alguno estilístico o gramatical que complementen aspectos prácticos de la lengua española.

Hay que destacar, por consiguiente, que el principio que ha presidido la confección del libro es la *variedad* y el enfoque *pragmático* de la enseñanza y práctica del español. Una simple ojeada a los índices confirmará lo anteriormente dicho y el trabajo consciente con cada unidad demostrará que el material puede ser explotado y ampliado de modo que permita sobradamente cubrir una hora de clase y que, además, esa hora resulte útil y amena para el alumno.

Dados los niveles intermedio-alto y superior de este volumen, último de la serie por orden de dificultad, se ha procurado introducir en los ejemplos una gran variedad de registros del español actual; en particular coloquialismos y usos peculiares de la lengua hablada, sin restringir en ningún momento el número de vocablos significativos necesarios que presenten una muestra clara del español de nuestros días. Éste ha sido, sin duda, uno de los principales atractivos del libro en sus ediciones anteriores y ahora no se ha regateado ningún esfuerzo para actualizar dicho aspecto de la lengua en la versión actual.

A pesar de la aparente dispersión, existe un concienzudo plan de revisión y de enfoque metodológico de nuevos aspectos gramaticales. El primer ciclo hace hincapié en el repaso de estructuras sintácticas a un nivel intermedio-alto ya presentadas en gran parte en el libro anterior de la serie, aunque con un planteamiento menos rígido y más creativo. En el segundo ciclo, por el contrario, se introducen ejercicios más novedosos, tanto en el fondo como en la forma, y predomina la presentación de matices estilísticos que presuponen un considerable dominio práctico de la lengua española a nivel superior. (Véanse a este respecto, entre muchos otros, los ejercicios que tratan casos difíciles del subjuntivo, formas no personales del verbo, verbos de cambio o devenir, posición del adjetivo, sustituciones de tiempos y modos, además de numerosos ejercicios léxicos de un nivel superior.)

Se ha procurado, en suma, presentar una muestra lo más rica y variada posible de la inabarcable realidad del idioma español actual, en su vertiente peninsular, y dejar abiertas, tanto a profesores como a estudiantes, una serie de sugerencias y posibilidades que permitan la apreciación plena de las enormes riquezas lingüísticas y culturales a las que da acceso una lengua tan difundida como la española.

OBJETIVOS

Como se ha explicado en las líneas precedentes, el libro constituye el estadio más avanzado de la serie y presupone, por tanto, un buen conocimiento gramatical de las estructuras básicas de nuestro idioma. De ahí que sea idóneo para:

a) Estudiantes extranjeros adultos que tengan un mínimo de dos o tres años de estudio, bien aprovechado, de español, o dos cursos intensivos en la línea que presentan los dos libros anteriores de la serie.

b) Estudiantes que necesitan refrescar y actualizar sus conocimientos prácticos, después de haber cursado varios años de enseñanzas regladas en sus respectivos países de origen.

c) Estudiantes universitarios, incluso a nivel graduado, que quieran realizar cursos monográficos sobre puntos conflictivos del español para extranjeros. La cantidad, variedad y exhaustividad de los ejercicios así lo permite.

d) Profesores que necesiten poner al día sus conocimientos teórico-prácticos en la versión peninsular del español, especialmente después de un prolongado período de falta de confrontación con la cambiante realidad de la lengua. Esto sucede con demasiada frecuencia a la mayoría de los profesores de lenguas extranjeras que, por infinidad de motivos, no pueden desplazarse con la frecuencia deseada al país o países cuya lengua enseñan y que, por tanto, necesitan actualizar y poner a prueba su grado de comprensión del dominio del idioma.

Los objetivos perseguidos en todos estos casos son, obviamente, el perfeccionamiento del poder comunicativo del estudiante y la ampliación de sus conocimientos en los registros más significativos del idioma español, lo que le proporcionará una mayor y más sólida confianza para enfrentarse sin inhibiciones con las múltiples variantes de la cultura y vida españolas: medios de comunicación social, experiencia diaria en la calle, literatura, vida académica, deportes y, en general, todas las situaciones comunicativas que dan razón de ser al entramado lingüístico que las representa y exterioriza.

SUGERENCIAS PARA LA UTILIZACIÓN DEL LIBRO

Es importante señalar que la estructura del libro, teniendo en cuenta la línea seguida por los dos libros de ejercicios anteriores de la serie, permite su utilización de dos maneras distintas:

a) **Como un método**

El profesor, especialmente a nivel universitario y en las llamadas en muchos países «clases de lengua» (bien sean cursos regulares o intensivos), puede utilizar las distintas unidades centrando su atención en los ejercicios nucleares de cada unidad para presentar a los alumnos los aspectos gramaticales que le interese practicar en cada momento. Para ello sugerimos los siguientes procedimientos:

1. El profesor debe previamente consultar el **Índice por unidades didácticas,** que le ofrece una visión completa y comprensible de todo el contenido del libro, así como el **Índice alfabético de conceptos,** que le permitirá localizar rápida y fácilmente cualquier concepto gramatical o léxico.

2. De acuerdo con las características y necesidades de la clase y de la progresión que se haya propuesto, el profesor puede comenzar la lección diaria con una explicación gramatical previa a la realización de los ejercicios por él elegidos, o bien haber referido al alumno con anterioridad a la **Gramática** de Curso intensivo, pensada esencialmente para este menester.

3. El profesor, en los casos en que sea conveniente y posible, no debe dudar en usar la lengua materna del estudiante para economizar tiempo y concretar la atención, sin fisuras ni distracciones, en los problemas gramaticales que interese enfatizar. Debe de evitar el excesivo uso de tecnicismos y farragosas explicaciones, sea cual sea el enfoque metodológico que utilice.

4. En cualquier caso, se sugiere un constante enfoque contrastivo entre la lengua nativa del estudiante y la que aprende, en este caso la española. La práctica continuada de poner de manifiesto las afinidades y diferencias entre dos lenguas, con mesura y sentido práctico de la enseñanza, viene dando excelentes resultados a todos los niveles de la enseñanza.

5. Para ello, no hay que olvidar que, según esta utilización del libro, no se da pie para emplearlo como instrumento en una clase de *conversación*, y que este importante aspecto del aprendizaje hay que lograrlo en otras clases y con otros procedimientos.

6. El profesor puede optar por intentar agotar un determinado punto gramatical, utilizando para ello todos los ejercicios sobre este tema que hay en los dos ciclos, llegando a realizar, si así lo decide, verdaderos cursos monográficos que ocupen todo un curso académico. Debe, sin embargo, ser consciente de que esa práctica conlleva el peligro de saturación o aburrimiento, sobre todo por parte de alumnos que no tengan un nivel muy avanzado o quieran especializarse en la lengua. Por ello se considera preferible, en esos casos, abordar los problemas parcialmente y presentar también los ejercicios de complementación de cada unidad, tales como modismos, ejercicios de léxico, etc., para dar mayor relajación y variedad a la clase.

b) **Como libro de ejercicios**

En esta segunda faceta de utilización, el profesor y el alumno pueden usar el libro de tres maneras:

1. Como *práctica* y *complemento* de aspectos teóricos ya explicados en clase y, por tanto, compatible con cualquier método que se esté utilizando. Para ello se sugiere el uso de las páginas dedicadas a «Apuntes de clase» que se incluyen en cada unidad.

De acuerdo con las características de la clase, el profesor puede elegir entre realizar los ejercicios «in situ», después de fijar previamente qué ejercicios deben hacerse, o mandar a los alumnos que traigan escritas las soluciones (si el profesor va a dedicar tiempo a explicaciones teóricas en la clase).

No es recomendable que los ejercicios se hagan sin una previa preparación mínima, puesto que, en muchos casos, crean frustración y pérdida de motivación en el estudiante, y éstos, sin duda, son los dos peligros más temibles en el proceso de aprendizaje de cualquier materia.

2. Para *profundizar* en cada uno de los temas que se estime oportuno. A estos efectos es importante recalcar que los ejercicios tienen un marcado *carácter abierto*, es decir, pueden alargarse a voluntad por parte del profesor, bien suministrando él mismo ejemplos similares a los que se presentan o haciendo que el estudiante construya sus propias frases siguiendo el esquema o esquemas estructurales en los que carece del deseable dominio. La mayoría de los ejemplos contenidos en los ejercicios son paradigmáticos y se prestan fácilmente a ser ampliados en clase.

3. Para *corregir* defectos y vicios acumulados por el alumno en sus experiencias previas en el aprendizaje del idioma español. Esto, naturalmente, es una cuestión que cada profesor debe dilucidar en función de las características concretas de sus alumnos.

En estos tres supuestos es evidente que hay que hacer un uso selectivo de las unidades y ejercicios, y para facilitar esta labor se incluyen dos índices que constituyen un inventario gramatical muy detallado, de gran valor práctico, porque permiten un tremendo ahorro de tiempo y una visión global y pormenorizada tanto de las unidades didácticas como de cada uno de los ejercicios contenidos en **Curso intensivo de español,** *niveles intermedio y superior.*

Por último, creemos que la práctica de las sugerencias aquí apuntadas mejorará mucho el rendimiento que se saque del estudio teórico-práctico de este volumen y, lo que es más importante, permitirá al alumno traspasar la mera barrera lingüística para adentrarse en el conocimiento de nuestra peculiar forma de ver y enjuiciar la realidad extralingüística y nuestra cultura y modos de vida, objetivo que debe estar presente, como última meta, en cualquier tratamiento de un idioma extranjero.

Majadahonda (Madrid), junio de 1999.

Signos empleados

≠   contraste.
/   alternancia.
➤   respuesta.

Índice por unidades didácticas

PRIMER CICLO

SEGUNDO CICLO

Primer ciclo

Unidad una

1. Dé una forma correcta del verbo *ser* o *estar* en las siguientes frases.

1. Hamlet no dijo: _____ o no _____ ; sino _____ o no _____ .

2. En esta época del año a las seis de la tarde ya _____ de noche.

3. ¿Qué día _____ mañana? — Mañana _____ miércoles.

4. Muchos de mis amigos _____ estudiantes de esta Facultad.

5. _____ muy contenta porque me ha tocado la lotería.

6. _____ una pena que no haya venido a visitarnos.

7. Estas flores _____ para ti.

8. No, no vivo en Madrid, _____ de paso.

9. Las paredes de este edificio _____ de ladrillo.

10. _____ demasiado temprano para empezar la juerga.

11. Sus dos hermanos _____ frailes.

12. ¿Me _____ usted escuchando?

13. (Nosotros) _____ recogidos por un pesquero portugués después del naufragio.

14. La verdad _____ que no hacemos nada porque _____ de vacaciones.

15. (Yo) _____ de ese individuo hasta las narices.

16. ¿Quién _____ ? — _____ el vecino de al lado.

17. La fiesta _____ en El Escorial.

18. _____ muy golosas, nos encanta lo dulce.

19. ¿Qué _____ (usted) haciendo? — Nada de particular.

20. _____ un lindo atardecer de septiembre cuando te conocí.

21. _____ a 27 de octubre de 1999.

22. Málaga _____ en el sudeste de España y _____ el centro de la Costa del Sol.

23. Debe _____ enfermo; _____ demasiado pálido.

24. ¿De quién _____ esta botella de vino?

25. _____ un error llevarle la contraria todo el tiempo.

26. El pobre Fernando cada día _____ peor.

27. _____ quieto y no molestes más; yo no _____ para bromas.

28. Eso _____ no tener ni idea de la juventud.

29. _____ muy desgraciado estos días; voy de mal en peor.

30. Señoría, el defensor y el fiscal _____ de acuerdo. —¡Vaya milagro!

31. Los años noventa _____ buenos para Occidente y malos para el Tercer Mundo.

32. Salir con Daniel _____ una gozada; _____ un tío fenomenal.

33. _____ tranquila, (yo) ya no _____ para lujos inútiles.

34. No _____ bien que hables mal de tu familia en público.

35. No te fíes. Ésa _____ de las que tiran la piedra y esconden la mano.

2. Use la forma de *ser* o *estar* que convenga al sentido de la frase.

1. Los que tienen mucha gracia, _____ graciosos.

2. Pedro no _____ celoso, pero sí muy machista.

3. Oye, Mari, ¿dónde _____ la conferencia?

4. ¿En qué estación _____? — _____ en el otoño.

5. En clase _____ veinte, pero hoy sólo _____ dieciocho.

6. ¿Quién _____ en tu casa el primero en levantarse?

7. Aquí (nosotros) _____ de todo: socialistas, católicos, profesionales, obreros...

8. Ni siquiera sabe cuántas _____ dos y dos.

9. La casa _____ pintada, la pintaron ayer.

10. Nadie ha entrado aquí. Todo _____ exactamente igual.

11. Esta mañana llevaron el coche al taller y ya _____ arreglado.

12. Cerré la ventana hace un rato y vuelve a _____ abierta.

13. Ramón no _____ muy hábil, sino más bien torpe.

14. Camilo José Cela _____ el primer novelista español galardonado con el premio Nobel.

3. Ponga una forma correcta del verbo *ser* o *estar* en los siguientes ejemplos.

1. Creo que (ellos) _____ de nuestra parte.

2. (Nosotros) _____ en un aprieto tremendo.

3. Lo que nos ocurrió _____ una experiencia inolvidable.

4. (Él) _____ que muerde. Déjalo en paz.

5. Las calles _____ en una situación lamentable; _____ una vergüenza.

6. Rodolfo _____ el preferido de su madre.

7. ¡Qué viejo _____ (él) ! _____ desconocido.

8. Dentro de unos días _____ la boda. ¿Te han invitado?

9. ¡No _____ dejada, Carmen!

10. La carta le _____ devuelta sin abrir.

11. No me _____ desconocida esa cara.

12. Lamento mucho que (ellos) se _____ cargando el medio ambiente.

4. **Conteste a las siguientes preguntas siguiendo el modelo.**

MODELO: ¿Es Lidia espléndida con los amigos? ➤ Sí (no), *lo* es.

1. ¿Está lista la cena? ➤
2. ¿Somos nosotras las invitadas? ➤
3. ¿Parece Javi un chico despistado? ➤
4. ¿Estaba cerrado el gas cuando salimos de casa? ➤
5. ¿Eran sus padres periodistas? ➤
6. ¿Estaban aburridos los comensales? ➤
7. ¿Será esa chica la vecina del cuarto? ➤
8. ¿Es inteligente Katia? ➤
9. ¿Estás preparado, Luis? ➤

5. **¿Cuál es la moneda de curso legal usada en los siguientes países?**

España ➤ peseta		Japón ➤	
Italia ➤		Argentina ➤	
Francia ➤		Venezuela ➤	
Alemania ➤		Estados Unidos ➤	
Rusia ➤		Suecia ➤	
Inglaterra ➤		Grecia ➤	
Portugal ➤		Bélgica ➤	
Holanda ➤		Suiza ➤	

APUNTES DE CLASE

Unidad dos

6.

Coloque una forma correcta del verbo *ser* o *estar* en las siguientes frases. Los adjetivos que van en cursiva pueden admitir uno u otro verbo, según los casos.

1. Espera un momento; ya (yo) _____ *lista* para salir.
2. En cuanto bebe dos copas _____ muy *alegre*.
3. Ese individuo _____ muy *vivo*; no se le escapa nada.
4. No se le puede encargar este trabajo; _____ todavía muy *verde*.
5. El marido de tu hermana _____ un *pesado*; no sabe hablar más que de fútbol.
6. Le gusta esa chica, pero dice que _____ un poco *aburrida*.
7. No puedo ayudarte porque _____ muy *cansado*.
8. Se ha gastado todo el dinero de la herencia en cuatro días; _____ un *perdido*.
9. _____ *fresco* si te crees que me afecta lo que dices.
10. (Él) _____ un chico muy *atento*, ¿verdad?
11. _____ *malo* desde hace cuatro días; tiene que guardar cama.
12. Esta sangría me gusta; _____ muy *buena*. Pruébala.
13. (Ella) _____ *alegre* por naturaleza.
14. Me temo que Pedro _____ más *muerto* que vivo.
15. Esa chica _____ más *lista* que el hambre.
16. (Él) _____ un viejo *verde*.
17. He comido demasiado hoy; _____ muy *pesado*.
18. Es un tío que _____ siempre *aburrido*; no sabe divertirse.
19. _____ *cansado* esperar el autobús a pie firme.
20. Si no me echas una mano, _____ *perdido*.
21. Será todo lo simpático que quieras, pero _____ un *fresco*.
22. _____ tan *despistado* que no se acuerda ni de su número de teléfono.
23. ¡Qué *despistado* _____ (tú) hoy; éste no es el camino!
24. Hay que _____ muy *atento* a sus palabras; siempre habla con doble sentido.
25. _____ *mala* persona; no lo quiere nadie en el pueblo.
26. El chico que me presentaste ayer, _____ más *bueno* que el pan.
27. El que no _____ *agradecido*, no es bien nacido, dice el refrán.
28. Te _____ muy *agradecido* por el detalle que has tenido conmigo.

7.

Ponga una forma correcta de los verbos *ser* o *estar*.

1. Nosotros _____ necesitados de dinero y de buenos consejos.

2. La vida _____ así; no se puede cambiar por mucho que lo intentes.

3. No puedo acompañarte; (yo) _____ pendiente de una llamada telefónica.

4. Ese muchacho no _____ en su sano juicio. Hace cosas rarísimas.

5. El rey de Suecia _____ esperado con gran expectación.

6. Ya (yo) _____ harto de oír el mismo rollo a todas horas.

7. La carrera ciclista _____ el próximo domingo.

8. ¿_____ (tú) en lo que digo?

9. En seguida (yo) _____ con usted; haga el favor de esperar un momento.

10. (Él) _____ fuera de Madrid durante dos semanas.

11. El que no _____ conmigo, _____ contra mí.

12. Esta chaqueta le _____ muy mal. Le queda pequeña.

13. España _____ a la cabeza de Europa en la producción de aceite de oliva.

14. ¡Bueno, ya _____ bien de pamplinas, Felisa!

15. Hace un año, (él) _____ a dos pasos de la muerte. Ya ni se acuerda.

16. Granada no ha cambiado nada; _____ igual que el año pasado.

17. El hermano mayor de esa niña _____ hecho un hombretón.

8. Use las siguientes expresiones con los verbos *ser* y *estar* en frases que muestren claramente su significado.

1. *Estar bien* (mal) visto.
2. *Ser* una virguería.
3. *Estar* al corriente (de).
4. *Ser* pasota.
5. *Estar* ilusionado(a).
6. *Ser* ordinario(a).
7. *Estar* de cachondeo.
8. *Estar* en paz.
9. *Estar* por + infinitivo.
10. *Ser* un cara.
11. *Estar* desconocido(a).
12. *Ser* una gozada.
13. *Estar* hecho(a) polvo.
14. *Ser* gafe.
15. *Estar* en la inopia (en las nubes).
16. *Ser* goloso(a).
17. *Ser* un chollo.
18. *Estar* al margen.
19. *Estar* para + infinitivo.
20. *Ser* hortera.

9. Separe por sílabas las siguientes palabras.

rellano _____

eslabón _____

inspección _____

transistor _____

exuberante _____

altruismo _____

deshonra _____

vehículo _____

articulación _____

torbellino _____

10. Explique el sentido de los siguientes modismos y expresiones y empléelos en frases.

Hacerse el sueco.   Haber moros en la costa.
Ponerse en fila india.   Ensaladilla rusa.
Ser un cuento chino.   Cabeza de turco.
Tortilla a la francesa.   Tortilla a la española.
Beber como un cosaco.   Hablar chino.

11. ¿Cuáles de estos pescados, mariscos y moluscos se consumen en su país?

merluza	centollo(a)	percebe	mejillón
bonito	lenguado	almeja	trucha
pulpo	calamar	bacalao	salmón
langosta	gamba	langostino	sardina

APUNTES DE CLASE

Unidad tres

12. Forme la segunda persona, del singular y plural, del imperativo de los siguientes verbos (tratamiento familiar).

1. Hacer.	9. Venir.	17. Decir.
2. Ir.	10. Traducir.	18. Salir.
3. Poner.	11. Jugar.	19. Volver.
4. Pedir.	12. Leer.	20. Oír.
5. Conducir.	13. Huir.	21. Corregir.
6. Abrir.	14. Morirse.	22. Reírse.
7. Freír.	15. Romper.	23. Escribir.
8. Mirar.	16. Ser.	24. Estar.

13. Ponga en forma negativa las siguientes formas verbales.

1. Vete.	8. Sube.	15. Piénsalo.
2. Quéjate.	9. Dilo.	16. Ven.
3. Dormiros.	10. Escribidlo.	17. Callaos.
4. Abridlos.	11. Léelo.	18. Esperadles.
5. Compradlos.	12. Seguid.	19. Recibidle.
6. Cerrad.	13. Cógelo.	20. Tomaos.
7. Quiere.	14. Entregadlos.	21. Id (iros).

14. Ponga los verbos en cursiva en la correspondiente persona del imperativo.

1. *Sembrar* (tú) tomates en tu huerto.
2. *Ir* todos (nosotros) a la manifestación.
3. *Traer* (usted) las herramientas necesarias.
4. *Hacer* (vosotros) lo que os he dicho.
5. *Decir* (ellos) lo que sepan.
6. *Tener* (vosotros) cuidado con ese tipo.
7. *Volver* (tú) lo antes posible.

8. No *huir* (vosotros).

9. *Darme* (ustedes) su nombre.

10. No *mentir* (tú), niño.

11. *Vestirse* (ellos) pronto.

12. *Colgarlo* (tú) ahí.

13. *Oler* (ustedes) este perfume.

14. *Ser* (tú) bueno y tendrás tu recompensa.

15. *Medir* (nosotros) la longitud de la habitación.

16. *Teñir* (usted) ese vestido y le quedará bien.

15. Elija entre los interrogativos *qué* y *cuál(es)* el que más convenga al contexto.

1. ¿_____ regalo le habéis hecho?

2. ¿_____ de todos ellos es el más barato?

3. ¿_____ diferencia hay?

4. ¿_____ es la diferencia entre estas dos palabras?

5. ¿_____ asuntos han tratado en la reunión?

6. ¿_____ de estos asuntos te interesan?

7. ¿A _____ cine vamos?

8. ¿Para _____ sirve esto?

9. ¿_____ (de ellos) prefiere usted?

10. ¿_____ piensa Ana de todo esto?

11. ¿_____ piensa elegir de todos ellos?

12. ¿En _____ piensas?

13. ¿Con _____ lo escribiste?

14. ¿Con _____ has hecho esta salsa?

15. ¿_____ dinero me debes?

16. ¿_____ es el que más te gusta?

17. ¿_____ es lo que más te gusta?

16. Transforme las siguientes interrogativas indirectas en directas.

MODELO: No sé a qué hora llegaste. ➝ ¿A qué hora llegaste?

1. No comprendo qué le has podido decir. ➝

2. Nunca dice qué hace fuera de casa. ➝

3. No me importa qué (lo que) ha dicho. ➝

4. Ahora no recuerdo dónde le conocí. ➝

5. No sé si era malo o bueno. ➝

6. Le pregunté (que) si quería acompañarnos. ➡

7. Al final no aclaró cuál prefería. ➡

8. No preguntamos cuánto costaba. ➡

9. No me dijo quién había llamado. ➡

10. No veo cómo puedo hacerlo. ➡

11. Ni siquiera sabe cuántas son dos y dos. ➡

17. Diga los adjetivos que expresan la idea contraria a los siguientes.

1. La fruta está *verde*. _____

2. Esta calle es muy *ancha*. _____

3. La película fue *divertida*. _____

4. Esta silla es muy *pesada*. _____

5. El clima de esta región es *seco*. _____

5. La ropa está *mojada*. _____

7. Es un hombre muy *trabajador*. _____

8. Estas manzanas están *podridas*. _____

9. Es un niño *salvaje*. _____

10. Este colchón es muy *duro*. _____

18. Dé nombres a los siguientes signos ortográficos.

(,) – (;) – ("") – (ü) – (¿?) – (¡!) – (...) – (()) – (—) – (.).

19. Use la palabra que mejor le vaya al contexto.

1. ¿A cuánto está el _____ de tomates?

2. ¡Hombre! Con veinte _____ de gasolina tienes de sobra.

3. La niña recorrió más de veinte _____ a gatas.

4. ¿A cuánto salen los cien _____ de jamón?

5. Ese tractor puede llevar diez _____ de peso.

6. Para hacer la tarta se necesita una _____ de huevos.

7. Hay que meterle unos _____ al pantalón.

8. Vete al mercado y tráeme 1/4 de gambas, 300 _____ de chorizo, 1/2 _____ de arroz y un _____ de aceite de oliva.

Unidad cuatro

20. Ponga los siguientes verbos en primera persona del singular y plural del presente de indicativo.

1. Apretar.	14. Jugar.	27. Morder.
2. Adquirir.	15. Temblar.	28. Poder.
3. Querer.	16. Nacer.	29. Agradecer.
4. Conocer.	17. Mentir.	30. Tener.
5. Colgar.	18. Venir.	31. Salir.
6. Oír.	19. Traer.	32. Huir.
7. Concebir.	20. Pedir.	33. Seguir.
8. Reír.	21. Gemir.	34. Rendir.
9. Vestir.	22. Repetir.	35. Sentir.
10. Herir.	23. Divertirse.	36. Caber.
11. Saber.	24. Decir.	37. Hacer.
12. Merendar.	25. Dar.	38. Ir.
13. Recordar.	26. Envejecer.	39. Conducir.

21. Sustituya los verbos de estas frases por las formas correspondientes del presente simple de indicativo.

1. Te *veré* mañana.
2. La guerra de la Independencia española *comenzó* en 1808.
3. *Está trabajando* intensamente estos días.
4. *Llegarán* el próximo sábado.
5. Le *estoy diciendo* a usted que antes de hacer nada lo piense dos veces.
6. Shakespeare y Cervantes *murieron* en el mismo año.

22. Transforme las siguientes frases utilizando *llevar, hacer* o *desde hace* haciendo los cambios sintácticos pertinentes, según convenga en cada caso.

1. Hace cinco años que está fuera de España. →
2. ¿Cuánto hace que está usted en Madrid? →

3. Lleva dos días sin probar bocado. →

4. Estudia francés desde hace tres años. →

5. Llevo una hora esperándote. →

6. No le he vuelto a ver desde hace tres meses. →

23. Coloque el verbo en cursiva en presente y utilice el pronombre personal que exige el contexto.

1. A nosotros *faltar* _____ mil pesetas.

2. A mí *faltar* _____ tiempo para terminar lo que tengo proyectado.

3. Todavía *sobrar* _____ a ella treinta duros.

4. Ese tipo de chicas no *ir* _____ a él.

5. A vosotros *encantar* _____ la zarzuela.

6. Los pedantes *caer* _____ mal a él.

7. Sé que a usted *desagradar* _____ estas cuestiones.

8. A mí no *gustar* _____ las gafas de sol.

9. A ellos *quedar* _____ cinco días para iniciar sus vacaciones.

10. Ya sé que a ti *fastidiar* _____ las fiestas de sociedad.

11. Ahora *tocar* _____ a nosotros pagar la siguiente ronda.

12. A ella *faltar* _____ valor para hacerlo.

13. Siempre que come fabada no *sentar* _____ bien.

14. Esa corbata *sentar* _____ fatal a ti.

15. A Carmina *estar* _____ bien ese peinado.

16. ¿*Apetecer* _____ a usted un güisqui?

17. Sabemos que a tu primo no *caer* _____ bien nosotros.

18. Os ha sonreído; estoy seguro de que vosotros *gustar* _____ .

19. A nosotros *hacer falta* _____ ayuda.

20. Mira, Manolo, sé que (yo) no *gustarle* _____ a Mabel, pero ella *gustarme* _____ a mí. ¡Qué voy a hacer!

21. Estos zapatos son una tortura; *quedar* _____ estrechísimos.

22. Ana necesita muy poco para vivir, *sobrar* _____ con la mitad de lo que tiene.

23. Para ser completamente feliz, sólo *faltarme* _____ tú.

24. Ponga acento ortográfico a las palabras que lo necesiten.

esteril	menu	amais
futil	alcohol	regimenes
revolver	amabais	volveis
trauma	equivoco	silaba

Sanchez	verosimil	miercoles
crisis	reloj	silabico
super	mastil	especimen
imbecil	examen	estandar
huesped	casual	escribierais
vivis	cantaro	calor
haceis	recien	devolvais
heroe	linea	area

25. Haga frases con las siguientes expresiones que establezcan claramente sus diferencias de significado.

salir ≠ irse ≠ marcharse

hacerse tarde ≠ llegar tarde ≠ ser tarde

tener (llevar) prisa ≠ correr prisa ≠ meter prisa

dar la razón ≠ tener (llevar) razón ≠ quitar la razón

atropellar ≠ pisar ≠ chocar

26. Lea en voz alta las letras del abecedario español.

a, b, c, ch, d, e, f, g, h, i, j, k, l, ll, m, n, ñ, o, p, q, r, rr, s, t, u, v, w, x, y, z.

27. Diga cómo se llaman los/las que se dedican a estas actividades.

1. El que vigila las calles de noche. →
2. El que hace pan. →
3. El que barre las calles. →
4. El que arregla la instalación del agua. →
5. El obrero de la construcción de casas. →
6. El que trabaja la tierra. →
7. El que arregla la instalación eléctrica. →
8. El que dirige la circulación. →
9. El que se dedica a la pesca. →
10. El que vende pescado. →
11. El que se dedica a la moda. →
12. La que se dedica a coser. →
13. La que trabaja por horas en el servicio doméstico. →

14. El que vende carne. →

15. El que vende leche. →

16. El que conduce un camión. →

17. El que apaga el fuego. →

18. El que juega al fútbol. →

19. El que aplica la anestesia. →

20. El que quita los callos de los pies. →

APUNTES DE CLASE

Unidad cinco

28. Ponga los verbos siguientes en la tercera persona del singular y segunda del plural *(vosotros)* del pretérito indefinido.

1. Ir.	11. Suponer.	21. Venir.
2. Traducir.	12. Decir.	22. Salir.
3. Hacer.	13. Huir.	23. Ver.
4. Despertar.	14. Andar.	24. Dormir.
5. Soltar.	15. Tener.	25. Volcar.
6. Recoger.	16. Haber.	26. Ser.
7. Conducir.	17. Divertirse.	27. Probar.
8. Reírse.	18. Sentirse.	28. Leer.
9. Vestirse.	19. Destruir.	29. Construir.
10. Referirse.	20. Romper.	30. Caer.

29. Coloque los verbos que van entre paréntesis en la persona del pretérito indefinido correspondiente.

1. (Él) no (dormirse) _____ hasta las seis de la mañana.
2. (Ella) (caerse) _____ en la zanja y se (romper) _____ una pierna.
3. (Nosotros) nunca (saber) _____ la verdad.
4. (Ellos) (traer) _____ las herramientas en seguida.
5. ¿(Corregir) _____ ustedes los ejercicios de la última clase?
6. Los romanos (construir) _____ muchos puentes y carreteras.
7. Sí, (yo) (oír) _____ lo que decía, pero no (querer) _____ contestarle.
8. (Yo) los (conducir) _____ al jardín.
9. (Él) (morirse) _____ de pena.
10. No me (caber) _____ la menor duda de su idiotez.
11. (Ellos) (ponerse) _____ a cantar en medio de la calle.
12. (Ella) (tener) _____ que retractarse de sus palabras.
13. (Él) (decir) _____ que llegaría tarde.
14. Los soldados (huir) _____ en todas direcciones.
15. (Yo) (traducir) _____ el párrafo en veinte minutos.

30. Dé la forma apropiada del pretérito imperfecto o del pretérito indefinido.

1. Ayer (pasar-yo) _____ un día extraordinario haciendo «surfing».
2. Por esas fechas (ella) (venir) _____ todos los años a visitarnos.
3. (haber) _____ una vez un rey que tenía dos hijas...
4. A los dieciocho años (nosotros) (creer) _____ que la vida era todo rosas.
5. Cuando (llegar-tú) _____ a Madrid; (tener-tú) _____ veinticinco años.
6. En aquel momento (comprender-nosotros) _____ la verdadera razón de su comportamiento.
7. (ser) _____ un día de invierno de mucho viento y frío.
8. (recibir-ellos) _____ muchos regalos aquella Navidad.
9. (soler-él) _____ cantar todas las mañanas mientras (afeitarse) _____ .
10. El lunes pasado (ir-nosotros) _____ de viaje.
11. ¿(querer-vosotros) _____ estudiar cuando (interrumpiros-yo) _____ ?
12. (Ser) _____ un día de invierno, cuando (yo) la (conocer)
13. Ayer (estar) _____ nevando sin parar toda la noche.
14. El lunes pasado (nosotras) (ir) _____ de viaje, cuando (estropearse) _____ el coche.

31. Dé la forma adecuada del pretérito imperfecto o del pretérito indefinido en las siguientes oraciones.

1. Antes de que se me olvide, ¿qué (tú) *hacer* _____ la semana pasada?
2. ¿Cada cuánto (ellas) *visitar* _____ a su familia?
3. Aquella cuaresma (nosotros) no *tomar* _____ una sola copa de alcohol.
4. Por lo general (ella) *soler* _____ pasar los domingos en el campo.
5. ¡Puf! El otoño de 1996 *ser* _____ uno de los más lluviosos del siglo.
6. Durante más de un año (ellos) sólo *utilizar* _____ el Metro para moverse en Madrid.
7. Todos los días de esas navidades (yo) *trabajar* _____ como una loca.
8. Siempre tomábamos un café a las cinco, esa tarde (nosotros) *tomarlo* _____ a las seis, si mal no recuerdo.
9. Los lunes (yo) *llegar* _____ a casa temprano; pero ese lunes (yo) *llegar* _____ tardísimo.
10. Pablo *estar* _____ sin salir de casa más de un mes.
11. Cuando (usted) *buscar* _____ empleo, era muy difícil encontrarlo.
12. No hay derecho, mientras (tú) *pasarlo bien* _____ , yo *aburrirme* _____ como una ostra.
13. El verano pasado (ella) *recorrer* _____ medio mundo.
14. El sábado (yo) *estar* _____ oyendo música «rock» toda la tarde.
15. Entonces (ellos) *ser* _____ machistas; hoy son feministas.
16. Ahora lo recuerdo; antes (yo) no lo *recordar* _____

17. Hace ocho años (vosotras) *fumar* _____ un paquete al día; hoy ni lo tocáis.

18. En 1980 (ella) *tener* _____ buena voz, hoy apenas, se la oye.

19. Laura *ser* _____ desgraciada casi toda su vida.

20. Nosotras *quedarse* _____ en su piso una semana.

32. Tache la forma incorrecta del imperfecto o del indefinido que está entre paréntesis.

(Era-estaba) una tarde gris de noviembre. A lo lejos (se vio-se veía) la silueta de un barco que (desapareció-desaparecía) por el horizonte. El mar (estaba-era) en calma. Un barquito (se acercaba-acercó) lentamente a la playa. De repente (se oía-se oyó) un trueno y en seguida (comenzaban-comenzaron) a caer gruesas gotas. Juan, que no (llevó-llevaba) paraguas, se (metió-metía) en el portal de una casa para no mojarse. La casa pertenecía a un hombre que (estaba-estuvo) en América muchos años y ahora (era-fue) el alcalde del pueblo. La gente le (respetaba-respetó) por su honradez y generosidad.

33. Explique el sentido de las siguientes expresiones con el verbo *hacer*.

1. No se cansa de hacer el ganso.
2. Me molesta hacer el primo.
3. ¡Oye, no te hagas de nuevas!
4. Estoy hecho polvo.
5. Ya están hechas al clima de este país.
6. ¡No le haga usted caso!
7. Hacer el ridículo.
8. Hacerse el/la + adjetivo (se hizo la tonta).

34. Haga frases que acompañen a las siguientes exclamaciones e interjecciones.

¡Ánimo y adelante!

¡Uy!

¡Qué va!

¡Jo!

¡Ya basta!

¡Qué asco!

¡Mujer!

¡Puf!

¡Jesús!

¡Cómo!

¡Zas!

¡Hala!

¡Socorro!

¡Qué horror!

¡Hombre!

¡Vale!

¡Ostras!

¡Dios mío!

¡Caray!

¡Jolines!

Unidad seis

35. Cambie los verbos en cursiva de cada una de estas oraciones al eje del pasado.

MODELO: Siempre que *tengo* una idea, Rosi ya *ha tenido* otra mejor antes. →
Siempre que *tenía* una idea, Rosi ya *había tenido* otra mejor antes.

1. Cada vez que *quiero sacar* buenas localidades, otras personas las han sacado antes.
2. Cuando Toni *llega* a casa su familia ya *ha cenado*.
3. Cada vez que le *digo* que la quiero, otros se lo *han dicho* antes.
4. Nosotras no hacemos kárate pero ellas últimamente *han hecho* mucho.
5. Sus hermanos *están* en Suecia, los míos *han estado* en Marruecos.
6. Yo *desayuno* pan con mantequilla, tú sólo *has desayunado* cereal.
7. Siempre que le *invito*, alguien le *ha invitado* antes.
8. Cuando tú *estás* a la mitad del trabajo, Carmina ya *ha terminado* el suyo.

36. Conteste a las siguientes preguntas, utilizando las formas de futuro o condicional simples de probabilidad.

MODELO: ¿Qué edad *tiene*? → *Tendrá* treinta años.

1. ¿Cuántas horas estudiabas al día? →
2. ¿Dónde vive Juan ahora? →
3. ¿Quién lo hizo? →
4. ¿Cuánto cuesta alquilar un piso céntrico en Málaga? →
5. ¿Por qué llegó tarde Enrique a la reunión? → Porque ......
6. ¿Dónde conoció a su novia? →
7. ¿A qué se dedicaba en aquel entonces? →
8. ¿Qué piensa hacer ahora? →
9. ¿Con quién colabora en ese proyecto? →
10. ¿Por qué discutía tan a menudo con su secretaria? → Porque ......

37. Ponga los verbos en un tiempo verbal que exprese probabilidad según convenga al sentido de cada frase.

1. ¿Qué *pensar* _____ la mujer de los extraños viajes de su marido?
2. ¿Por qué no (él) *haber* _____ asistido a clase esta mañana?

3. ¿Qué le *estar* _____ diciendo al oído?

4. ¿Cómo se las *haber* _____ arreglado sin muchacha?

5. Vive a lo grande, ¿(él) *haber* _____ ganado las quinielas?

6. ¿Con quién (ella) *salir* _____ últimamente?

7. ¿Desde dónde (ellos) *haber* _____ enviado esta postal?

8. ¿Hasta qué punto (ellos) *creerse* _____ lo que dicen?

9. ¿Para qué (vosotros) *meterse* _____ en ese asunto?

10. ¿Cuándo (él) *acabar* _____ la carrera?

38. Sustituya la forma verbal en cursiva por un futuro, donde sea posible, sin cambiar sustancialmente el significado.

1. Seguramente *tiene* catorce años.

2. Dentro de dos días *nos vamos* al campo.

3. *¿Es* verdad lo que me dices?

4. Hoy *hace* un día espléndido.

5. En los países nórdicos *anochece* muy temprano.

6. *Amanece* cansado todos los días.

7. *¿Va* usted muy lejos?

8. Creo que *llega* de madrugada.

9. Del cruce *salen* tres carreteras.

10. Supongo que *sabe* usted ya el resultado de las elecciones.

11. Me temo que no *está* de acuerdo.

12. Villarrobledo *es* un pueblo más bien pequeño.

13. *Prefiero* vivir en el ático.

14. Está seguro de que *terminan* la obra antes de junio.

15. Juan *es* masón; me lo han dicho en diversas ocasiones.

16. Probablemente le *den* el premio.

17. Te prometo que *voy* a tu boda.

18. *Tiene* usted que cumplir su compromiso.

39. Sustituya las palabras en cursiva por el tiempo de probabilidad que se adapte al contexto.

1. *Seguramente era* muy viejo. →

2. *Hay unos* cinco millones de personas en Madrid. →

3. Ayer *corrimos alrededor* de tres kilómetros. →

4. Esa calle *está aproximadamente* a tres manzanas de aquí. →

5. *Fumaban* treinta pitillos al día *más o menos.* →

6. *Probablemente le habían visto* a eso de las siete. →

7. *A lo mejor lo sabe,* pero no quiere decírtelo. →

8. *Tal vez han ganado* más de dos millones a la Bolsa. ➝
9. *Va* al teatro *como* dos o tres veces al mes. ➝
10. *Había recorrido más o menos* las tres cuartas partes de África. ➝

40. Explique el sentido de las siguientes locuciones con el verbo *dar*.

1. ¡No me dé usted la lata!
2. El reloj ha dado las doce.
3. Se las da de listo.
4. ¡Qué más da, hombre!
5. Se dieron la mano muy cordialmente.
6. Le di la enhorabuena por su éxito.
7. ¿Me acompañas? Voy a dar un paseo.
8. Me has dado un susto de muerte.
9. El alcalde dio la bienvenida al nuevo arzobispo.
10. No doy con la solución de este problema.
11. Tienes que darle de comer al niño.
12. Ayer me diste un plantón.
13. ¡Jo!, me dio un corte...

41. ¿Qué diferencia de significado hay entre estas palabras?

1. El bando ≠ la banda.
2. El fondo ≠ la fonda.
3. El lomo ≠ la loma.
4. El mango ≠ la manga.
5. El modo ≠ la moda.
6. El punto ≠ la punta.
7. El resto ≠ la resta.
8. El río ≠ la ría.
9. El suelo ≠ la suela.
10. El bulo ≠ la bula.

Unidad siete

42. **Ponga los verbos en cursiva en la forma adecuada del futuro de indicativo, simple o compuesto, según convenga.**

1. (Nosotros) *ir* _____ a despedirles al aeropuerto.
2. Supongo que (él) *estar* _____ en casa, pero no estoy seguro.
3. Creo que (ellos) nos *dar* _____ una paga extraordinaria para Navidad.
4. Para cuando lleguen las vacaciones ya (nosotros) *terminar* _____ el trabajo.
5. ¿Qué hora *ser* _____ ?
6. ¿*Ser* _____ posible que nos hayamos gastado todo el dinero ya?
7. (Él) *venir* _____ , no lo dudo, pero no le he visto.
8. Los solicitantes *pedir* _____ los formularios en la ventanilla número 15.
9. Al llegar a tu destino, (tú) *hablar* _____ lo antes posible con el patrón.
10. Para entonces, la autopista ya *estar* _____ terminada.
11. Ya (nosotros) *ver* _____ lo que pasa cuando se descubra el secreto.
12. Si Dios no lo remedia, esto *acabar* _____ muy mal.
13. (Ellos) *marcharse* _____ porque la casa parece cerrada.
14. (Él) *tener* _____ unos cincuenta años, pero no los aparenta.
15. No *haber* _____ más remedio que aguantar la fiestecita.
16. Para cuando sean las tres ya (tú) *cenar* _____ .

43. **Dé la forma correcta del condicional, simple o compuesto, en las siguientes frases.**

1. Dije que (yo) *solucionar* _____ el asunto, para cuando llegaran.
2. Prometió que nos *pagar* _____ en cuanto cobrase.
3. (Nosotros) *estar* _____ arreglados si te hiciéramos caso.
4. ¿Qué (tú) *hacer* _____ sin mí?
5. Anunció que *tratar* _____ de conseguir una respuesta para el lunes.
6. Me *fastidiar* _____ que llegarais tarde.
7. *Pasar* _____ dos horas cuando sonó la sirena de alarma.
8. En la reunión *haber* _____ unas 25 personas.
9. ¿No *ser* _____ mucho pedir que me llevara en su coche a casa?
10. ¿Por qué *discutir* _____ tanto de aquel asunto?
11. *Ser* _____ las cuatro de la mañana cuando empezó la tormenta.

12. El alcalde *poner* _____ más luces en esta calle si no las rompieran.

13. (Yo) *tener* _____ que estudiar la situación antes de ponerme a trabajar.

14. Elena *casarse* _____ si hubiera encontrado un hombre que le conviniera.

15. El Ayuntamiento *solucionar* _____ el problema del tráfico si los usuarios del automóvil contribuyéramos un poco.

16. (Yo) *quedar* _____ muy agradecido por la información, si me la hubieras dado.

44. Cambie los verbos en cursiva al eje del pasado.

MODELO: Estoy convencido de que para dentro de cinco meses todo *se habrá solucionado*. →
Estaba convencido de que para dentro de cinco meses todo *se habría solucionado*.

1. *Dice* que cuando *acabe* la temporada de fútbol *habrá empezado* el verano.

2. *Sé* que cuando *pasen* cinco años *habré escrito* dos novelas más.

3. Te *aseguro* que en cinco meses *habremos vendido* todas las existencias.

4. Nos *garantiza* que para el verano *habremos ganado* más de un millón en la Bolsa.

5. Se *comenta* que antes del año 2010 *se habrán solucionado* muchos de estos problemas.

6. *Creemos* que para cuando tú te *cases* nosotros ya *habremos tenido* un par de niños.

7. Me *figuro* que cuando yo *tenga* treinta años tú *habrás cumplido* veinte.

8. Para cuando tu amiga *acabe* derecho tú ya *habrás hecho* el «master».

45. Ponga el acento en las palabras en cursiva que lo requieran.

1. *Mi* caso es distinto al tuyo.

2. *Si* corres los visillos tendremos más luz.

3. *El* que mucho corre, pronto para.

4. *Este* que me presentas me gusta más.

5. *Aquel* olivo es centenario.

6. En *esa* bodega venden jerez a granel.

7. No sé *donde* se ha metido.

8. Lo digo *porque* me sale de dentro.

9. Son *solo* las ocho; no tengas tanta prisa.

10. A *mi* esos gestos no me impresionan.

11. Estaban hablando entre *si*.

12. El provecho es para *el* y las penas para nosotros.

13. La lavadora *esta* lleva varios días estropeada.

14. Prefiero *aquel* a *este*.

15. ¡A *ese*, a *ese*!

16. No te metas *donde* no te llaman.

17. Está *sola* la mayor parte del día.

18. No sé con *cual* quedarme.

19. ¡*Que* nos dejen en paz!

20. ¡*Que* locura!

21. *Aun* insiste en que no ha cumplido treinta años.

22. ¡*Como* vayas allí, me enfado contigo!

46. Deletree y haga la separación silábica de las siguientes palabras.

buhardilla

machismo

desquiciamiento

paraguayo

hematoma

paradigma

47. Conteste a las siguientes preguntas con la palabra adecuada.

1. ¿Con qué se limpian los zapatos? ⟶

2. ¿Con qué protegemos las manos del frío? ⟶

3. ¿Con qué se cose un botón? ⟶

4. ¿Con qué se enciende el fuego? ⟶

5. ¿Con qué se come la comida china? ⟶

6. ¿Con qué se sujetan los zapatos? ⟶

7. ¿Con qué se pinta un cuadro? ⟶

8. ¿Con qué se juega al tenis? ⟶

9. ¿Con qué se matan moscas, mosquitos, cucarachas, etc.?⟶

10. ¿Con qué se sube a sitios difíciles? ⟶

11. ¿Con qué prenda de vestir se toma el sol? ⟶

12. ¿Con qué se desmonta la rueda pinchada de un coche? ⟶

13. ¿Con qué aparato se tritura y mezclan alimentos? ⟶

14. ¿Con qué se salta a la comba? ⟶

15. ¿Con qué protegemos las gafas? ⟶

Unidad ocho

48. Ponga los verbos en cursiva en forma continua o progresiva en los casos en que sea posible, sin cambiar sustancialmente el significado.

1. Por aquella época (él) *escribía* sus memorias.
2. (Ella) *estudia* para sociólogo desde hace dos años.
3. El domingo a estas horas (nosotros) *paseábamos* por la Alhambra.
4. No sé si (nosotros) *habremos acabado* el proyecto para el 31, pero de todas formas te lo comunicaremos.
5. Supongo que (ellos) *se habrán divertido* de lo lindo aunque a mí no me dijeron nada.
6. (Ellos) *gastan* el dinero en lujos esta temporada.
7. El padre lo *mantenía* mientras estudiaba en la Universidad.
8. ¿Qué comes, José Ángel? — *Como* pan.
9. Mi suegro es abogado, pero trabaja en un taller mecánico.
10. Le *digo* a usted que ya no vive aquí.
11. Raramente *vemos* televisión.
12. ¿Juan, me *oyes*? — Sí, te oigo perfectamente.
13. Elena se *casa* dentro de un par de semanas.
14. ¿Qué le sucede a la niña? *Llora* mucho.
15. En este momento el Presidente del Congreso *da* la bienvenida a su colega italiano.
16. ¿Qué *hacen* (ellos) que llevo un rato largo sin oírlos? — (Ellos) *dormir*.
17. Cuando recibas el telegrama (nosotros) *habremos llegado* a Barcelona.
18. *Nevó* toda la mañana y luego salió el sol.

49. Ponga los verbos en cursiva en la forma continua o progresiva y en un tiempo adecuado.

1. Durante aquel año (él) *vivir* con su tía.
2. Desde hace dos meses (ella) *trabajar* de secretaria.
3. Mañana por la mañana nosotros *volar* sobre el Atlántico.
4. (Nosotros) *intentar* durante una hora comunicarnos con él por teléfono, pero no pudimos.
5. Creo que estos días (él) *gestionar* su pasaporte.
6. ¿Qué *pensar* (tú) que no dices nada?
7. Como *llover* toda la tarde, no quisimos salir.

8. Es un presumido; *mirarse* al espejo todo el día.

9. Loli *recibir* muchas felicitaciones por lo de su tesis doctoral.

50. Rellene los puntos con un verbo adecuado.

1. Se _____ al examen sin saber nada.

2. Al ver a la policía, él _____ a correr.

3. Has _____ una tontería mayúscula.

4. ¿Le gusta a usted _____ el piano?

5. Mi hermana _____ veinte años mañana.

6. Se fue a _____ un paseo.

7. Por efectos de la tempestad el barco _____

8. Fue a _____ el pelo.

9. Se _____ los zapatos porque le hacían daño en los pies.

10. ¿Se ha _____ usted la medicina?

11. Se han _____ a una nueva casa.

51. Diga los adjetivos de significación contraria.

1. Ese hombre es muy *trabajador*.

2. Es una calle de dirección *doble*.

3. Es un chiste *gracioso*.

4. Es un soldado *valiente*.

5. Siempre habla de casos *particulares*.

6. Es un chico muy *callado*.

7. El fuego está *encendido*.

8. El trabajo está bastante *adelantado*.

9. Tienen el jardín muy *cuidado*.

10. Esa solución es *inadecuada*.

11. Tiene el pelo *suave*.

12. El caldo está muy *espeso*.

52. Lea e identifique los extranjerismos de la columna de la izquierda con una palabra española de la derecha.

shorts	explosión
show	payaso
water	espectáculo
cowboy	estrés
sprint	altavoz

boom	hacer dedo
interview	servicios
slogan	lema publicitario
stress	esnob
snob	existencias
chance	esfuerzo final
stock	entrevista
auto stop	oportunidad
clown	vaquero
bafle	pantalones cortos
handicap	desventaja
holding	grupo empresarial

APUNTES DE CLASE

Unidad nueve

53. Diga la tercera persona del singular del presente e imperfecto de subjuntivo de los infinitivos siguientes.

1. Ir.
2. Traducir.
3. Hacer.
4. Valer.
5. Soltar.
6. Recoger.
7. Conducir.
8. Reírse.
9. Sentir.
10. Referirse.
11. Caber.
12. Sentirse.
13. Decir.
14. Huir.
15. Soñar.
16. Aprender.
17. Tener.
18. Haber.
19. Regañar.
20. Sentarse.
21. Destruir.
22. Romper.
23. Venir.
24. Salir.
25. Ver.
26. Dormir.
27. Volver.
28. Dibujar.
29. Ser.
30. Probar.
31. Leer.
32. Construir.
33. Vaciar.

54. Ponga los infinitivos en cursiva en un tiempo correcto del subjuntivo.

1. (Yo) quería que (ustedes) *estar* _____ contentos y *vivir* _____ bien.
2. Le dijo que *buscarse* _____ un sustituto cuanto antes.
3. Era esencial que todos los testigos *presentarse* _____ al juicio.
4. Hizo falta que *intervenir* _____ la policía y los bomberos.
5. Me alegró mucho que (ellos) os *conceder* _____ la beca para Suecia.
6. Resulta increíble que *haber* _____ personas tan poco atentas y serviciales.
7. El guarda les prohibió que *arrancar* _____ las flores del parque.
8. Indícale al camarero que *traer* _____ la cuenta.
9. Todos tenían un poco de miedo de que la situación *cambiar* _____ .
10. Le rogué que *subirme* _____ el sueldo; pero ni siquiera me escuchó.
11. Preferiría que (ellos) no *ser* _____ tan habladores.
12. Sentí mucho que (ustedes) no *estar* _____ el día de nuestra boda.
13. Había pensado en que os *venir* _____ a casa a charlar un rato.
14. (Fue una) lástima que se *apagar* _____ la luz en el momento más interesante.
15. Ya era hora de que (vosotros) *aparecer* _____ .
16. El cura se negó a que (ellos) *usar* _____ el patio de la iglesia.

17. Era condición indispensable que el ganador *obtener* _____ un 65 por 100 de los votos.

18. No es verdad que últimamente la vida *subir* _____ bastante en ese país.

19. Me da pena que (tú) *perder* _____ el tiempo así.

20. Tenemos muchas ganas de que *nevar* _____ para ir a esquiar.

55. Coloque los verbos en cursiva en la forma correcta del presente de indicativo o del subjuntivo, según convenga.

1. He observado que (usted) *estar* _____ un poco pálido estos días. ¿Qué *pasarle* _____ ?

2. No creo que (él) *tener* _____ la osadía de presentarse aquí.

3. Noto que su pulso *ser* _____ normal. (Usted) no *tener* _____ que preocuparse.

4. Temo que no *resultar* _____ tan bien como (usted) *decir* _____ .

5. Creo que (yo) *ganar* _____ lo suficiente para permitirme estos lujos.

6. Dice que todos sus compañeros *estar* _____ locos, y no se da cuenta de que el loco *ser* _____ él.

7. Haz el favor de decirle que *dejarme* _____ en paz.

8. Veo que (usted) *ir progresando* _____ poco a poco; eso *satisfacerme* _____ .

9. Admito que (él) *tener* _____ razón, pero (yo) no *consentirle* _____ que (él) *ser* _____ maleducado.

10. Espero que todo *solucionarse* _____ para satisfacción general.

11. Sentimos mucho que (usted) *haberse* _____ perdido el primer acto.

12. Siento que *estarme* _____ poniendo enfermo y me *ir* _____ a dar algo.

13. Hace (como) que *estimarme* _____ mucho cuando necesita dinero.

14. Me duele un poco que (tú) *tratarme* _____ así.

15. No merece la pena que nos *preocupar* _____ por tan poca cosa.

16. Me temo que no *resultar* _____ tan sencillo como parece.

17. Nos alegra que (tú) *disfrutar* _____ de la vida. Para eso eres joven.

18. Reconozco que Laura *ser* _____ una chica estupenda y que *valer* _____ mucho.

19. Por fortuna nos fijamos a tiempo en que la luz *estar* _____ roja.

20. Le recomendamos a (usted) que *ser* _____ más discreto en sus afirmaciones.

56. Termine las siguientes oraciones con una frase que tenga sentido (interrogativas indirectas).

1. Ahora no recuerdo dónde _____

2. Le pregunté si _____

3. A nosotros no nos importa si _____

4. No me dijeron quién _____

5. Nunca explicó cuál _____

6. No sé lo que _____

7. No veía cómo _____

8. Le preguntaron (que) cuánto tiempo _____

9. Todavía no sabemos cuándo _____

10. No comentaron (qué era) lo que _____

11. No oímos qué _____

12. Dígame cuánto _____

57. Haga frases que tengan sentido con los siguientes verbos.

pedir ≠ preguntar

saber ≠ probar

atragantarse ≠ asfixiarse

hacer tiempo ≠ entretenerse

equivocarse ≠ tener razón

llegar tarde ≠ ser tarde

tardar ≠ llevar tiempo

58. Haga frases que expresen la diferencia de significado entre estas palabras.

el cometa ≠ la cometa

el pendiente ≠ la pendiente

el partido ≠ la partida

el cubo ≠ la cuba

el soldado ≠ la soldada

el pez ≠ la pez

el editorial ≠ la editorial

el guía ≠ la guía

el parte ≠ la parte

Unidad diez

59. Dé la forma de indicativo o de subjuntivo más adecuada al contexto.

1. Les animamos a que *continuar* _____ trabajando de idéntica manera.
2. Nos recordaron repetidamente que no *olvidar* _____ las llaves en casa.
3. Recordaron que Luis *trabajar* _____ en una empresa de su suegro.
4. Me advirtió que en aquel país la gente no *tomar* _____ bebidas alcohólicas.
5. Me advirtió que yo *ahorrar* _____ el máximo posible para realizar mis proyectos.
6. Comprendo que ellas no *rebajarse* _____ a pedir dinero prestado.
7. El coronel recalcó que los soldados *comer* _____ bien.
8. El coronel recalcó que, en lo sucesivo, *dar* _____ de comer mejor a los soldados.
9. ¡Por favor, asegúrese usted de que todo el mundo *cumplir* _____ la misión encomendada!
10. Me aseguré de que ella *tener* _____ su pasaporte en regla.
11. Él me preguntó y yo le contesté que *irse* _____ .
12. No comprendo qué (yo) *poder* _____ haber hecho para poner esa cara.
13. Después de mucho reflexionar decidimos que a ninguno de nosotros *interesarnos* _____ opinar sobre el asunto.
14. Mi madre decidió que (nosotros) *salir* _____ a comer fuera.

60. Termine las siguientes frases utilizando una forma del indicativo o subjuntivo que tenga sentido.

1. Te agradezco que _____
2. Ayer nos enteramos de que _____
3. No esperes que _____
4. No se dan cuenta de que _____
5. Conste que _____
6. No hay derecho a que _____
7. Parece mentira que _____
8. Basta que _____
9. Se notaba que _____
10. Está visto que _____

11. Seguro que _____

12. Ahora no recuerdo dónde _____

13. Comprendo que _____

14. ¿Le parece a usted bien que _____

15. No me dijo quién _____

16. Le advertí que _____

17. Se empeñaron en que _____

18. No creas que _____

19. Yo conseguí que ella _____

20. Nos consta que _____

21. No le cabe en la cabeza que _____

22. No había manera de que _____

23. Estaba demostrado que _____

24. Resulta que _____

61. Sustituya las palabras en cursiva por un adjetivo.

1. El panorama *de la ciudad.*
2. La vida *del hombre.*
3. Los vestidos *de la mujer.*
4. Los edificios *de Bogotá.*
5. Las costumbres *del pueblo.*
6. La paz *del hogar.*
7. Las fiestas *de Navidad.*
8. Las reacciones *de los niños.*
9. La navegación *de río.*
10. Correo *por avión.*
11. Periódico *de la tarde.*
12. Fiesta *de toros.*
13. Parque *de fieras.*
14. Reunión *de estudiantes.*
15. Industria *de productos del campo.*
16. Industria *de tejidos.*

62. Utilice en frases las siguientes comparaciones (clichés lingüísticos).

1. Comer como una lima.
2. Beber como una cuba.
3. Fumar como un carretero.
4. Hablar como un loro.
5. Aburrirse como una ostra.
6. Conducir como un loco.
7. Dormir como un leño.
8. Cantar como un jilguero.
9. Ponerse como una amapola.
10. Llorar como un niño.

63. ¿Cómo se llama?

1. El día después de mañana. ⟶
2. Un período de tres meses. ⟶
3. Un período de seis meses. ⟶
4. Un período de diez años. ⟶
5. Un período de cinco años. ⟶
6. Un período de dos años. ⟶
7. Un período de quince días. ⟶
8. El día anterior a ayer. ⟶
9. Lo que tiene cien años de antigüedad. ⟶
10. Día en que se cumplen años de algún suceso. ⟶
11. El que tiene sesenta años. ⟶

APUNTES DE CLASE

Unidad once

64. Complete las oraciones siguientes poniendo el verbo en cursiva en el tiempo y modo adecuados.

1. No me importa lo que haga, siempre que (usted) *portarse* _____ bien.
2. Nos fuimos sin que ninguno de los presentes *darse* _____ cuenta.
3. Mientras *haber* _____ salud la cosa va bien; lo malo es cuando *empezar* _____ _____ los achaques.
4. Por fin he sacado las entradas para que los niños *pasar* _____ la tarde en el circo.
5. No me explico cómo puedes leer tanto sin que *cansarte* _____ la vista.
6. Antes de que (ellos) *llegar* _____ avísame, no sea que (yo) *tener* _____ que cambiar de plan.
7. Nevaba y hacía mucho frío, así que Pepe *quedarse* _____ en el hotel.
8. Me basta con que (tú) *escribirnos* _____ una vez al mes, hija mía.
9. Debes ir a que *verte* _____ el médico en seguida. Tienes mala cara.
10. Con tal de que *decir* _____ dónde y con quién vas, puedes salir por las noches ¿vale?
11. Nada más que (él) *terminar* _____ el trabajo, cogía el autobús y volvía a casa.
12. ¿Para qué te metes tanto conmigo, Luisa? ¿Para que (yo) *cabrearme* _____ y (yo) *hacer* _____ una barbaridad?
13. Hasta que (tú) no *decirme* _____ la verdad, no te dirigiré la palabra.
14. Se lo perdonamos todo, menos que (ella) *ser* _____ tan ordinaria.

65. Ponga el verbo en cursiva en el tiempo correcto de subjuntivo o de indicativo.

1. Cuando (yo) *estar* _____ en Asturias, iba a pescar todos los días.
2. Le dije que cuando (yo) *llegar* _____ , nos veríamos.
3. Siempre que *llegar* _____ la primavera, siento alergia a las acacias.
4. Aceptamos su decisión, siempre que *ser* _____ consecuente con sus principios.
5. Aunque no (él) *ser* _____ muy inteligente, es un gran trabajador.
6. No lo aceptaría aunque me lo (él) *pedir* _____ de rodillas.
7. No supo el cambio que había experimentado su ciudad natal hasta (él) *regresar* _____ a su patria.
8. No le hizo el más mínimo caso y eso que (ella) *ser* _____ su cuñada.
9. No tiene derecho a abusar de la gente, por muy ministro que (él) *ser* _____

10. Le dije que por mal que *cuidar* _____ el césped, se mantendría.

11. No consiguieron localizarlas, por mucho que *intentarlo* _____ .

12. El objetor de conciencia dijo que se ocultaría hasta que terminar _____ la guerra.

13. Habíamos quedado en comer juntos, por eso (él) *llevar* _____ prisa.

14. Se cerraron con llave para que nadie los *molestar* _____ .

15. A medida que (ellos) *irse* _____ haciendo mayores, iban madurando.

16. No diremos una sola palabra, así nos *ofrecer* _____ el oro y el moro.

17. No han vuelto a conducir desde que (ellos) *tener* _____ el accidente.

66. Complete las oraciones siguientes poniendo el verbo en cursiva en el tiempo y modo adecuados.

1. Decía que en cuanto *terminar* _____ las clases, se iría a hacer un viaje por Asia.

2. Apenas el torero *salir* _____ a la plaza, le cogió el toro.

3. Mientras (él) *seguir* _____ tus consejos, seguro que se las arregla.

4. Nada más que (nosotras) *tirarnos* _____ a la piscina, nos dimos cuenta de lo sucia que estaba el agua.

5. Se lo digo con toda franqueza, no lo haré a no ser que (él) me *pagar* _____ bien.

6. A pesar de que (yo) *ir* _____ muy abrigado, siento frío.

7. Pese a que (ellas) *estar* _____ hechas polvo, se fueron de juerga.

8. Mientras (él) *pasear* _____ por el parque, iba echando migas a los pájaros.

9. En cuanto (yo) *llegar* _____ a Galicia, voy a hincharme de marisco.

10. Como no (ellos) *conocer* _____ bien el camino, se perdieron.

11. Le dije que como no (él) *ser* _____ puntual, le dejaría plantado.

12. A medida que el público *entrar* _____ en el cine, entregaba las entradas al portero.

13. Una vez que (ustedes) *terminar* _____ el examen, entréguenlo al profesor.

14. Tenga cuidado con lo que come, no sea que (usted) *intoxicarse* _____ .

67. Haga frases que expresen la diferencia de uso y significado entre estos verbos.

doler ≠ hacer daño ≠ lastimar

necesitar ≠ hacer falta ≠ echar en falta

caber ≠ haber sitio ≠ encajar

durar ≠ tardar ≠ llevar tiempo

rendir ≠ cundir ≠ dar de sí

68. Conteste a las siguientes preguntas con la palabra adecuada.

1. ¿En qué aparato se ponen los vídeos? →

2. ¿Con qué te bañas en la playa? →

3. ¿Qué se usa para secar el pelo? →

4. ¿En qué lugar se guardan los trastos viejos? →

5. ¿Con qué sacas el corcho de una botella? →

6. ¿Con qué se cubre la gente la cabeza en el invierno? →

7. ¿En qué establecimiento se compran joyas? →

8. ¿Con qué se afeitan los hombres? →

APUNTES DE CLASE

Unidad doce

69. **Ponga el verbo en cursiva en el tiempo correcto de subjuntivo o de indicativo, según el contexto.**

1. Antes de que *arrancar* _____ el coche, quité el freno de mano.
2. Por si no lo (tú) *saber* _____, te diré que han subido el precio de la gasolina.
3. Le invité al bautizo a sabiendas de que él no *ir* _____ a aceptar.
4. Ya que (nosotros) *estar* _____ aquí, vamos a ponernos cómodos.
5. Me miró como si no me (ella) *conocer* _____ de nada.
6. Ya está pagado; de modo que no (usted) *tener* _____ que preocuparse más.
7. Le planteé la situación de manera que no (él) *tener* _____ otro remedio que aceptar.
8. No se encontraba bien, de ahí que (él) no *acudir* _____ a la cita.
9. No me atreví a prestarles la moto, no fuera que (ellas) *tener*_____ un accidente.

70. **Complete las oraciones siguientes poniendo los verbos en cursiva en el modo y tiempo apropiados.**

1. Si (él) *terminar* _____ la tesis, tendría un puesto en este departamento.
2. Si (él) *comprar* _____ el radiocasete fue porque era una ganga.
3. Si (yo) *fumar* _____ puros, es porque creo que hacen menos daño que los cigarrillos.
4. Si (ella) *ir* _____ a las rebajas, habría ahorrado bastante dinero.
5. ¡Laurita! Si (tú) *comer* _____ todo lo que tienes en el plato, papá te dará un beso.
6. Me dijeron que si (yo) *querer* _____ conocer las bodegas de Pedro Domecq, fuera a Jerez de la Frontera.
7. Espero que si (tú) *celebrar* _____ el cumpleaños, nos invites a la fiesta.
8. Si (ellos) *aprobar* _____ fue porque habían estudiado mucho.
9. Parece como si ella *estar* _____ enfadada con nosotros.
10. Si (usted) *poder* _____ ayudarme, lo haríamos en un abrir y cerrar de ojos.
11. Si (ella) no *hacerlo* _____, al menos lo intentó.

71. **Sustituya las conjunciones en cursiva por una equivalente, efectuando cambios sintácticos si fuera necesario.**

1. *Mientras* usted se esté quieto en la cama, no le ocurrirá nada.
2. *Mientras* más se esfuerzan en hacerlo bien, más se equivocan.

3. Sabes que te apoyo *siempre que* tienes razón.

4. Le dije que le ayudaría *siempre que* lo necesitara.

5. Me las vi y me las deseé para salir del apuro, *así que* para otra vez no cuentes conmigo.

6. «*Así que* pasen cinco años» es una obra de Federico García Lorca.

7. *A medida que* se hacía mayor se le dulcificaba el carácter.

8. *Según* entraban, colgaban los abrigos en el perchero.

9. *Con que* le regales un pequeño detalle, cumples.

10. ¡*Si* no te abrigas vas a pillar una pulmonía!

11. *Dado que* apenas se apuntó gente, tuvieron que aplazar el viaje.

12. La mancha de petróleo destruirá el plancton, *a no ser* que la disuelvan a tiempo.

13. Se lo perdonaron todo, *menos que* cantara tan mal.

14. Pedro trabaja mucho, *mientras que* su hermana no da golpe.

15. Estaban atados todos los cabos, *de ahí* que no sucediera nada.

16. *Como* mi padre es general, tal vez pueda buscarte un enchufe en el cuartel.

17. *Como* bebas tanta agua, vas a criar ranas en el estómago.

18. El pobre hombre *al ver que* le aplaudían tanto, se emocionó.

72. Explique el sentido de las siguientes expresiones.

1. Me salté un disco rojo, pero el guardia hizo la vista gorda.

2. Con esa palabra has dado en el clavo.

3. ¡Buena la hemos hecho!

4. Las lentejas te han salido muy ricas hoy.

5. Le di mi palabra de honor.

6. ¡Estaría bueno que no nos pagaran!

7. Su comentario tenía mucha miga.

8. Me importa tres pepinos lo que piense.

9. Se ahoga en un vaso de agua.

10. Ser novato.

73. Diga el nombre que corresponde a las siguientes descripciones.

1. La parte exterior de una naranja. →

2. El exterior de la manzana. →

3. La parte exterior del pan. →

4. La parte amarilla del huevo. →

5. La parte blanda del pan. →

6. La parte exterior del huevo. →

7. La parte dura de la aceituna. →

8. La parte blanca del huevo. →

9. La parte dura de las uvas. →

10. Los huesos del pescado. →

11. La parte dura del melocotón. →

12. La parte exterior del tronco de un árbol. →

APUNTES DE CLASE

Unidad trece

74. Ponga el verbo en cursiva en el tiempo y modo que exija el contexto.

1. Quien no lo *haber* _____ entendido, que pregunte otra vez.
2. ¿No hay nadie aquí que *poder* _____ echarme una mano?
3. Los que no *estar* _____ de acuerdo, pueden abandonar la sala.
4. A cualquiera que *llamar* _____ , dígale que he salido.
5. Me encuentro con él dondequiera que (yo) *ir* _____ .
6. Te encontraré dondequiera que (tú) *ir* _____ .
7. Nada de lo que (ellos) *murmurar* _____ me interesa.
8. Me figuro que buscaban un sitio que *reunir* _____ comodidades.
9. Buscaba un automóvil que *consumir* _____ poco gasóleo.
10. Queremos una ciudad que no *estar* _____ contaminada.
11. A tu prima no hay quien la *entender* _____ , Carlos.
12. La próxima vez que *ir* _____ a las Canarias, te traeré una pluma Montblanc.
13. Todo lo que *publicarse* _____ en este campo nos interesa, Carmen.
14. Lo que *ganar* _____ en la Bolsa lo repartió entre sus parientes pobres.
15. Me las arreglaré como (yo) *poder* _____ , no se preocupe usted.
16. Sólo respondió que él hacía las cosas como *creer* _____ conveniente.
17. Cuanto (ella) *hacer* _____ lo hizo por tu bien.

75. Explique la diferencia de significado entre los siguientes pares de frases.

1. Estoy seguro de que hará lo que *dices*.
   Estoy seguro de que hará lo que *digas*.
2. Iré donde *quieres*.
   Iré donde *quieras*.
3. Los que *quieren* ir a la excursión, que levanten la mano.
   Los que *quieran* ir a la excursión, que levanten la mano.
4. Nos interesa emplear al técnico que *conoce* mejor este campo.
   Nos interesa emplear al técnico que *conozca* mejor este campo.
5. ¿Ha visto usted a alguien que *habla* inglés por aquí?
   ¿Ha visto usted a alguien que *hable* inglés por aquí?

6. Nada de lo que (él) *come*, le engorda.

Nada de lo que (él) *coma*, le engordará.

7. No puedo fiarme del primero que *llegue*.

No puedo fiarme del primero que *llega*.

8. Dice cuanto se le *antoja*.

Dirá cuanto se le *antoje*.

9. Todo lo que *comenta* es cierto.

Todo lo que *comente* será cierto.

10. Ninguna de las que *vienen* habla idiomas.

Ninguna de las que *vengan* habla idiomas.

76. Ponga los verbos en infinitivo en el tiempo y modo apropiados.

1. ¡Ojalá *dejar* _____ de llover!

2. ¡Así te *salir* _____ un juanete en un pie! ¡Malaje!

3. Le han tocado cinco millones. ¡Quién los *pillar* _____!

4. ¡Maldita *ser* _____! ¡Qué mala suerte tengo!

5. ¡Buenas noches! ¡Que (vosotros) *descansar* _____!

6. ¡Buenos días! ¡Que *aprovechar* _____!

7. ¡Que lo (vosotros) *pasar* _____ bien en el viaje!

8. ¡Cuidadito! ¡Que no me *enterar* _____ yo de que has hecho una faena!

9. ¡Que no (usted) *decidirse* _____ a comprarlo!

10. ¡(Usted) *hacer* _____ el favor de dejarme en paz!

11. Que yo *saber* _____ los obreros de la fábrica están de huelga.

12. Ten confianza, chico, a lo mejor todo *solucionarse* _____ sin problemas.

13. (Ella) *tener* _____ tal vez esa edad, aunque está muy bien conservada.

14. Quizá Nati *creerse* _____ que la engañamos, pero se equivoca.

15. Que yo *recordar* _____ salieron con el rabo entre las piernas.

77. Diga los adjetivos que expresan la idea contraria a los que vienen en cursiva.

1. El nivel de la clase es *homogéneo*.

2. Es una chica la mar de *salada*.

3. Los países *septentrionales* son fríos.

4. Me gusta contemplar el sol *naciente*.

5. Tres de sus hijos son *rubios*.

6. Este cortapapeles es *puntiagudo*.

7. Ese señor es *narigudo*.

8. Es un cristal *transparente*.

9. Éste es un terreno *impermeable*.

10. El cielo está *nublado*.

11. Esta habitación es muy *clara*.

12. Dio una *larga* conferencia.

13. El camión ya está *cargado*.

14. Tiene una voz *clara*.

15. Está *casado*.

78. Explique el sentido de las siguientes expresiones y modismos con el verbo *pegar(se)*.

Me has pegado el catarro.

Al ver el ratón, pegó un salto.

Cuando se enteró de su ruina, se pegó un tiro.

Se han pegado las judías.

A ver si dejas de poner pegas a todo.

APUNTES DE CLASE

Unidad catorce

70

79. **Ponga los infinitivos en el tiempo y modo que convenga.**

1. Si (tú) *hacerme* _____ ese favor, yo te *estar* _____ sumamente agradecido.
2. ¡*Pedir* _____ (tú) lo que te *parecer* _____ !
3. Ayer él me *hablar* _____ como si *tener* _____ algo contra mí.
4. Yo te *tener* _____ al corriente de todo lo que *pasar* _____ en lo sucesivo.
5. Ya es hora de que yo *hacer* _____ valer mi opinión aquí.
6. Por mucho que (yo) *insistir* _____ , ellos no se *quitar* _____ esa idea de la cabeza.
7. Por más que *jugar* _____ (nosotros) a la lotería, no nos tocaba nunca.
8. Transcurrió la jornada sin que *ocurrir* _____ ningún incidente.
9. Criticaron duramente a los que les *haber* _____ ayudado.
10. El que *haber* _____ visto a Pedro que me lo *comunicar* _____ inmediatamente.
11. Repasaron en una semana toda la materia que se *haber* _____ dado a lo largo del cuatrimestre.
12. ¡Ojalá (él) *ser* _____ tan buena persona como usted nos *asegurar* _____ !
13. Puede que (tú) *haberte* _____ entusiasmado con ese chico y no *verle* _____ defectos.
14. Le dije que *buscar* _____ una pensión cuando *llegar* _____ a Málaga.
15. Procurad que los clientes *quedar* _____ satisfechos, no sea que *cambiar* _____ de tienda.
16. El portero no sabía si los atracadores *ser* _____ dos o tres.
17. ¡Que *fastidiarse* _____ ! ¡Él mismo se lo ha buscado!
18. ¡Jo! Cada vez que *sonar* _____ el teléfono se equivocan de número.

80. **Ponga los verbos en infinitivo en el tiempo y modo apropiados.**

1. Que *estar* _____ nublado, no quiere decir que vaya a llover.
2. Le recomendé que *hacer* _____ más deporte y *beber* _____ menos cerveza.
3. Es muy raro que tus tíos no *dar* _____ señales de vida.

4. Teme que (ella) *marcharse* _____ y no vuelva más.

5. ¡Que (vosotros) *tener* _____ buen viaje y no *marearse* _____!

6. Dudo que esa *ser* _____ la verdadera causa de su ruptura matrimonial.

7. Nos había extrañado que, siendo amigos, no le *ayudar* _____

8. Antes de que (él) me *ver* _____ le llamé.

9. No conocemos a nadie que *ver* _____ esa exposición.

10. Dijo que por más que (tú) *jugar* _____ a la lotería, no te tocaría nunca.

11. Prepáralo para que todos *disfrutar* _____ y *sentirse* _____ cómodos.

12. Menos mal que este viernes *haber* _____ puente. ¡Ya era hora!

13. Por listo que (él) *ser* _____ , no conseguirá el empleo.

14. Basta que (yo) *dejar* _____ el paraguas en casa, para que *llover* _____ a ríos.

15. Más vale que la juventud *ser* _____ inconformista que no apática.

16. Así que en la oficina *darme* _____ vacaciones, me voy al pueblo.

81. Tache las formas verbales entre paréntesis que considere incorrectas.

Si Adelita se (habría casado-hubiera casado-casaría) con otro hombre, tal vez no (habría sido-sería-fuera) como es. No se trata de echarle la culpa de este hecho, aunque también (sería-habría sido-fuera) injusto acusar a su marido de la coquetería siempre insatisfecha de su esposa. Si Adelita (conociera-habría conocido-hubiera conocido) a un hombre que la (tratase-habría tratado-hubiera tratado) con dureza y severidad, es casi seguro que la (hubiera hecho-haría-habría hecho) cambiar por completo. (Habría dejado-Dejaría-Hubiera dejado) de pasarse la vida preocupándose de los trapos, de ir a la peluquería, de sus andares y, en definitiva, de toda su insignificante personilla.

82. Haga frases que expresen las diferencias de uso y significado entre estos verbos.

tratar ≠ procurar ≠ intentar
marcar ≠ arañar ≠ rayar ≠ rallar
frotar ≠ pulir ≠ cepillar
comprobar ≠ revisar ≠ chequear
apuntarse ≠ matricularse ≠ borrarse
atascarse ≠ engancharse ≠ pillarse

83. ¿Cómo se llaman los establecimientos que se dedican a las siguientes actividades?

1. Guardar coches. ——➤

2. Vender artículos alimenticios. ——➤

3. Reparar coches. ——➤

4. Vender perfumes. ➝

5. Vender tejidos. ➝

6. Vender botones, encajes, agujas, hilo y similares. ➝

7. Vender carne. ➝

8. Tramitar documentos (pasaportes, permiso de conducir, etc.). ➝

9. Vender herramientas de trabajo y utensilios domésticos. ➝

10. Reparar zapatos. ➝

11. Vender prendas confeccionadas con pieles. ➝

12. Servir café, bebidas alcohólicas, etc. ➝

13. Vender pinturas, artículos de limpieza, etc. ➝

14. Vender pescado. ➝

APUNTES DE CLASE

Unidad quince

84. Transforme las siguientes oraciones activas en pasivas.

1. Los terroristas secuestraron a un industrial.
2. El fuego destruyó una gran cantidad de árboles y matorrales.
3. Esta tarde su padre le ha castigado porque traía malas notas.
4. Los periodistas difundieron la noticia rápidamente.
5. La agencia le proporcionó un billete de avión a precio de coste.
6. La dirección le ha ascendido a jefe de negociado.
7. El Congreso estudió las nuevas propuestas del Gobierno.
8. El terremoto arrasó toda la región.
9. Un multimillonario ha comprado este cuadro.
10. Los mismos supervivientes contaron el naufragio con todo lujo de detalles.
11. Los ministros de la Unión Europea firmaron el pacto.
12. Un desconocido entregó el aviso a los interesados.
13. Actores de primera categoría han hecho el doblaje de la película.
14. El delegado concedió el contrato de obras de pavimentación a una firma extranjera.
15. Un autobús atropelló a dos personas ayer por la mañana.

85. Transforme las siguientes oraciones pasivas e impersonales en activas.

1. Esta casa ha sido destruida por el fuego.
2. Se dice que van a subir las naranjas otra vez.
3. Se suponía que acudiría a la cita.
4. El estafador ha sido capturado por la policía.
5. Se esperaba una gran afluencia de público.
6. Se cuenta que ha hecho un desfalco de más de cien millones de marcos alemanes.
7. El niño fue adoptado por unos vecinos.
8. Se agradece lo que haces por nosotros.
9. La ley no había sido aprobada aún por el Parlamento.
10. Las calles fueron regadas a primera hora de la mañana.

86. De las dos formas que se dan entre paréntesis, utilice la que pide el sentido de la frase. Algunas de estas frases admiten las dos posibilidades.

1. El problema (fue resuelto-se resolvió) en un santiamén.
2. Cuando empezó la película (se apagaron-fueron apagadas) las luces.
3. El testamento (fue leído-se leyó) por el notario en presencia de todos los herederos.
4. La avería (fue arreglada-se arregló) demasiado tarde.
5. En verano, las calles en Madrid (son regadas-se riegan) casi todos los días.
6. El presupuesto municipal (fue presentado-se presentó) por el alcalde a los concejales.
7. (Fueron recogidas-Se recogieron) muestras de la Luna por los astronautas.
8. En las rebajas de julio (se venden-son vendidos) muchos artículos a precios muy rebajados.
9. Del lago de Maracaibo (se saca-es sacado) mucho petróleo.
10. La primera República española (se instauró-fue instaurada) en 1873.

87. Haga frases con los siguientes verbos estableciendo claramente su diferencia de significado.

perder ≠ perderse
emborrachar ≠ emborracharse
marear ≠ marearse
presentar ≠ presentarse
animar ≠ animarse (a)
meter ≠ meterse (en, con)
enfriar ≠ enfriarse
calentar ≠ calentarse
proponer ≠ proponerse
ver ≠ verse

88. Explique el sentido de las siguientes expresiones y modismos.

1. Se las da de inteligente.
2. Maté dos pájaros de un tiro.
3. Todo nos salió mal, no dimos pie con bola.
4. Deberías hacerlo sobre la marcha.
5. No te andes por las ramas, vete al grano.
6. Se las arreglará solo, se las sabe todas.
7. Ignacio tiene mucha marcha.
8. Al ver cómo estaban se me cayó el alma a los pies.
9. Cada loco con su tema.

89. Haga una frase con cada una de estas palabras que muestre claramente su significado. (Busque en el diccionario de la Real Academia las que no conozca.)

credibilidad

sofisticado

vídeo

escáner

estrés

telefilme

golpista

alterne

cabrear

triunfalismo

cortometraje

télex

eslogan

tomavistas

telediario

pluriempleo

fardar

gilí (ser)

APUNTES DE CLASE

Unidad dieciséis

90. Sustituya los sustantivos en cursiva por un infinitivo equivalente.

MODELO: Mi *opinión*. ⟶ Mi *parecer*.

1. Mi *opinión* es que los periódicos están desorientados.
2. *La comida* supone una gran diversión para mucha gente.
3. Su muerte les causó una gran *pena*.
4. La hora del *alba* es muy fría en Castilla.
5. Esa *canción* me recuerda los días de mi juventud.
6. Juan es un *hombre* despreciable.
7. La columna de *ingresos* reflejaba muchas menos cifras que la del debe.
8. La *obligación* del ejército es defender a la patria y sus instituciones.
9. El *sacrificio* de los propios intereses es necesario en ocasiones.
10. La *bebida*, como todo, es perjudicial en exceso.
11. El *sueño* es imprescindible para reparar fuerzas.
12. La *vida* sin comodidades es inconcebible en el mundo occidental de hoy día.
13. Los aduaneros tardaron mucho tiempo en la *revisión* del equipaje.
14. La *equitación* y la *natación* son dos actividades deportivas importantes.
15. La *lectura* le apasiona.
16. La *caza* y la *pesca* se han convertido para ella en una obsesión.

91. Ponga los verbos en cursiva en el participio pasado, regular o irregular, que exija el sentido de la frase.

1. Se quedó muy *confundir* _____
2. ¿Está *despertar* _____ mamá?
3. ¿Has *freír* _____ las chuletas de cordero?
4. Ese libro fue *imprimir* _____ en 1948.
5. Han *morir* _____ muchos conejos con la última epidemia en España.
6. Se ha *volver* _____ insoportable.
7. Ya han *poner* _____ la decoración navideña en las calles.
8. Tus problemas están *resolver* _____

9. Creo que se ha *romper* _____ dos costillas en el accidente.

10. ¿Te han *atender* _____ bien en esa oficina?

11. ¿Qué has *hacer* _____ con el dinero que te dejé?

12. Os he *ver* _____ en apuros muchas veces.

13. Han *aprobar* _____ todos, excepto mi hermano.

14. Se le devolverán todos los papeles, *incluir* _____ su solicitud.

15. *Afeitar* _____ , parecería más joven.

16. Llevaba la cabeza *cubrir* _____ con un gorro de lana.

92. Ponga los verbos en cursiva en participio pasado.

1. Si hay corriente, es que la puerta está *abrir* _____ .

2. ¿Le gustan a usted las patatas *freír* _____ ?

3. A todos nos encanta el café *expresar* _____ .

4. No ha *haber* _____ posibilidad de convencerle.

5. Y una vez *escribir* _____ la carta, la echamos al correo.

6. Lo curioso del caso es que el presidente *elegir* _____ de la República no ha sido *elegir* _____ por el pueblo.

7. Se lo tengo *decir* _____ muchas veces, pero nunca me hace caso.

8. Aunque parece *dormir* _____ , tiene una mente muy *despertar* _____ .

9. Había árboles *caer* _____ a todo lo largo de la carretera.

10. Era un asunto *maldecir* _____ en aquellos días.

11. La letra *imprimir* _____ impresiona mucho más que la manuscrita.

12. El cliente *satisfacer* _____ es una inversión para el futuro.

13. Cuando hayas *resolver* _____ el asunto, comunícamelo.

14. No sabía que fueras un líder *nacer* _____ .

93. Complete las siguientes frases con la preposición adecuada y un infinitivo.

1. Se cansó _____

2. No dejes _____

3. Nos dedicábamos _____

4. Ha tenido que disculparse _____

5. Se echó _____

6. Está avergonzada _____

7. Confío _____

8. ¿Se ha arrepentido _____ ?

9. Nos alegramos mucho _____

10. Se hartaron _____

11. No insista usted _____

12. Siempre ha luchado _____

13. No te olvides _____

14. Quedó _____

15. Se habían quejado _____

16. Renunciaré _____

17. Se negó _____

18. Tardó mucho _____

94. Diga cómo se llaman los habitantes de los siguientes países, ciudades y regiones.

1. Bulgaria.
2. Irak.
3. Irán.
4. Argentina.
5. Canarias.
6. Bélgica.
7. Escocia.
8. Castilla.
9. Extremadura.
10. Málaga.
11. Checoslovaquia.
12. Túnez.
13. Arabia.
14. Tejas.
15. Baleares.
16. Finlandia.
17. Flandes.
18. Cataluña.
19. Sevilla.
20. Rumania.
21. Argelia.
22. Sáhara.
23. Colombia.
24. Venecia.
25. Bilbao.
26. Perú.

APUNTES DE CLASE

Unidad diecisiete

95. Ponga los verbos que están en cursiva en gerundio.

1. Estuvo *trabajar* _____ hasta las seis de la mañana.
2. Mataba el tiempo *hacer* _____ crucigramas.
3. *Haber* _____ terminado el banquete, llegó la hora de los discursos.
4. Hoy, mientras *paseaba* _____, vi a tu padre.
5. Antonio siempre va *correr* _____ a la escuela.
6. Aun *saber* _____ la verdad, deberías haberte callado.
7. Y *haber* _____ pintado los últimos detalles, dio por terminada su obra.
8. *Enseñar*, _____ no hay posibilidad de hacerse rico.

96. Ponga los infinitivos en cursiva en una forma que exija el contexto y use una partícula de enlace cuando sea necesario.

1. Haga el favor de no *meterse* hablar de lo que desconoce.
2. Nosotros *ir* hacer «footing» cuando nos encontramos con la manifestación.
3. Yo que él, no *volver* dirigirle la palabra.
4. Ayer los obreros *ponerse* trabajar a las seis y media de la mañana.
5. Pese a que lo intentamos no *llegar* ver la película.
6 Era tan buena persona que *llegar* repartir sus ganancias entre los empleados.
7. Si yo *llegar* enterarme antes, no voy.
8. Le costó mucho esfuerzo, pero finalmente *romper* hablar.
9. Mañana se van a *hinchar* ver fútbol.
10. En las rebajas, yo *liarme* comprar y perdí la sensación del tiempo.
11. *Acabar* escribirle cuando llamó a la puerta.
12. Sus razones no *acabar* satisfacerme.
13. Vosotros *tener* comprender que no todo el mundo es igual.
14. Pero, Enrique, ¡siempre *haber* ser el mismo!
15. ¡*Haber* arreglar la avería sin falta!
16. Ustedes *deber* apoyar la democracia con todas sus fuerzas.
17. Ellos *deber* saberlo, pero no nos han dicho nada.
18. Últimamente al profesor le *dar* enseñar las perífrasis verbales.

19. Yo no *dejar* reconocer que sabe una barbaridad.
20. Ella *quedar* ir a recibirme al aeropuerto, pero se le olvidó.
21. Mi familia *llevar* tener noticias mías dos meses.

97. Ponga los infinitivos en cursiva en la forma que exija el contexto.

1. ¡*Ir* _____ *pasar* _____ al fondo de la plataforma!, decía el cobrador del autobús.
2. Como es hora punta, será preferible que nosotros *ir* _____ *andar* _____ a nuestro domicilio.
3. Yo *venir* _____ *pensar* _____ desde hace tiempo que estamos manipulados por los medios de comunicación.
4. El Congreso *seguir* _____ *deliberar* _____ sobre la ley de divorcio.
5. No nos fiamos ni un pelo de él, siempre *andar* _____ *contar* _____ mentiras.
6. Por aquel entonces (tú) ya *llevar* _____ *estudiar* _____ español cuatro años.
7. No le lleves la contraria porque (tú) *salir* _____ *perder* _____ .
8. Su hijo *ir* _____ *aprobar* _____ los exámenes, pero no es una lumbrera.
9. Veo que vosotros *ir* _____ *mejorar* _____ vuestro castellano poco a poco.
10. Nosotros *llevar* _____ *esperarle* _____ más de una hora y sigue sin llegar.
11. Él se fue y ella *quedar(se)* _____ *bailar* _____ con un antiguo admirador.
12. Anoche Rafael *quedar(se)* _____ *leer* _____ hasta muy tarde.
13. Carece de sentido del humor, siempre *acabar* _____ *enfadarse* _____ con sus amigos.
14. No (ustedes) *andar* _____ *escribir* _____ en las paredes. No ven que es muy feo.
15. La anciana *venir* _____ *cobrar* _____ la pensión desde la muerte de su marido.

98. Ponga los verbos en cursiva en la forma que corresponda al sentido de la frase.

1. Su hermana menor *ir* _____ *atrasar* _____ con respecto al resto de la clase.
2. Hasta este momento *ir* _____ *construir* _____ dos bloques de nuestra urbanización.

3. *Ir* _____ *transcurrir* _____ más de veinte años de vida democrática en este país.

4. Se empeña en vestirse a su modo y, claro, *ir* _____ *hacer* _____ un asco.

5. Es buena muchacha, pero a cada dos por tres *andar* _____ *meter* _____ en líos.

6. Nuestra lavadora *seguir* _____ *estropear* _____ .

7. Le enseñaré a usted lo que yo *llevar* _____ *hacer* _____ hasta ahora.

8. Ellas *llevar* _____ *recorrer* _____ diez kilómetros cuando se pusieron a descansar.

9. La recuerdo. Solía *llevar* _____ la cara muy *pintar* _____ .

10. Ese edificio *llevar* _____ *hacer* _____ un año por lo menos.

11. El médico le *tener* _____ *prohibir* _____ que fume.

12. ¡Señorita, *tener* _____ *escribir* _____ esas cartas para las siete!

13. El tema de la crisis económica del tercer mundo *traer* _____ *preocupar* _____ a la opinión pública.

14. Después de correr quince millas, (ellas) *quedarse* _____ *agotar* _____ .

15. Sufrió un accidente tan grave que *a él darle* _____ por *morir* _____ .

16. Nosotros *dar* _____ por *sentar* _____ que vendréis a pasar unos días con nosotros.

17. Hasta que no me devuelva todo el dinero, yo no *darme* _____ por *satisfacer* _____ .

99. Exprese con una sola palabra las siguientes ideas.

1. La persona que habla dos idiomas a la perfección es _____
2. El que trabaja con las manos es un _____
3. El que se dedica a los negocios es un _____
4. El que se dedica a la política es un _____
5. La revista que sale todas las semanas es un _____
6. Un grupo de cien unidades es una _____
7. El grupo de diez unidades es una _____
8. Dos escritores nacidos en la misma época son _____
9. Dos hermanos de la misma edad son _____
10. El que está pasando sus vacaciones de verano fuera de su ciudad es un _____
11. El que odia al género humano es un _____
12. El que ama la música es un _____
13. El que tiene una manía determinada es un _____
14. El último piso de una casa es un _____
15. El que se dedica a publicar libros es un _____
16. El que carece de escrúpulos es un _____
17. La persona que ha pasado la edad de la adolescencia es un _____

Unidad dieciocho

100. Verbos de cambio o devenir. Ponga los verbos en cursiva en una forma adecuada.

1. Pablo *hacerse* _____ abogado en cuatro años de estudio y esfuerzos económicos.
2. *Hacerse* _____ tarde. ¡Vámonos!
3. Creo que (él) *hacerse* _____ protestante últimamente.
4. Procedía de una familia monárquica, pero (él) *hacerse* _____ republicano.
5. Pili *hacerse* _____ «hippy» en los años sesenta.
5. Ha abandonado los estudios y *hacerse* _____ comerciante.
7. (Él) *ponerse* _____ triste con los tres vasos de vino que se tomó.
8. (Ella) *ponerse* _____ buena en cuanto tomó la medicina.
9. Siempre (él) *ponerse* _____ muy pesado con el tema del fútbol.
10. (Ellos) *ponerse* _____ muy contentos de vernos.
11. (Él) *ponerse* _____ rojo de ira al oírme hablar así.

101. Ponga los verbos en cursiva en una forma adecuada.

1. (Él) *volverse* _____ feminista de la noche a la mañana.
2. (Ellos) *volverse* _____ muy religiosos con aquellos misteriosos cursillos.
3. (Él) *volverse* _____ loco de la impresión recibida.
4. (Él) *volverse* _____ un estúpido desde que ha sacado el doctorado.
5. Mordió la cereza el príncipe y *convertirse* _____ en un sapo.
6. En unas cuantas semanas (ella) *convertirse* _____ en la novelista más leída de Europa.
7. Jesucristo *convertir* _____ el agua en vino.
8. Últimamente Chema *volverse* _____ un esnob.

102. Ponga los verbos en una forma adecuada.

1. Su abuelo *llegar a ser* _____ presidente del Gobierno.
2. (Él) *llegar a ser* _____ un magnate de las finanzas por méritos propios.
3. La renovación del material *llegar a ser* _____ imprescindible.

4. En sus últimos años (él) *quedarse* _____ ciego y sordo.

5. (Yo) *quedarse* _____ estupefacto al enterarme de la boda que ha hecho.

6. Con ese régimen de comidas (ella) *quedarse* _____ como un fideo.

7. Se quitó los zapatos y los calcetines y *quedarse* _____ descalzo.

103. Utilice en las siguientes frases el verbo de la columna de la derecha que considere más adecuado.

1. El negocio le salió mal por _____ con indeseables.

2. Como no me gusta el flamenco, _____ mucho.

3. Le sacó tanta punta al lápiz que _____ .

4. Nos metimos por callejuelas desconocidas y _____ .

5. Cuando juego al tenis más de dos horas _____ .

6. La fiesta _____ mucho con la llegada de los payasos.

7. No le gusta viajar en barco porque siempre _____ .

8. Es un tipo muy apático; no _____ por nada.

9. (Él) _____ con dos vasos de vino.

10. Anduvo sin chaqueta toda la tarde y _____ .

11. Algunos ejecutivos _____ al trabajo como a una droga.

cansarse
perderse
romperse
aburrirse
animarse
engancharse
interesarse
mezclarse
emborracharse
enfriarse
marearse

104. Exprese con el verbo adecuado las siguientes ideas.

1. Hacer más largo. ⟶
2. Pintar de blanco. ⟶
3. Poner en orden. ⟶
4. Perder peso. ⟶
5. Ir hacia atrás. ⟶
6. Hacer más corto. ⟶
7. Ganar peso. ⟶

8. Hacer más fuerte. ⟶
9. Ponerse triste. ⟶
10. Hacerse viejo. ⟶
11. Hacerse más joven. ⟶
12. Ponerse alegre. ⟶
13. Ponerse furioso. ⟶
14. Dar luz. ⟶

105. Explique el sentido de las siguientes expresiones de origen religioso.

¿Qué te ocurre?, hoy no estás muy católico.

Se me fue el santo al cielo.

Está de Dios que suceda esto.

Vive en el quinto infierno.

Salió huyendo como alma que lleva el diablo.

Me han colgado ese sambenito y no hay quien me lo quite.

El marido de mi hermana es un alma de Dios.

He pasado cinco años de mi vida por esos mundos de Dios.

¿A usted quién le ha dado vela en este entierro?

Lo que dice mi jefe va a misa.

Ese amigo tuyo nunca ha sido santo de mi devoción.

Las cosas son más difíciles de lo que parecen. No todo es llegar y besar el santo.

106. Forme frases con los siguientes vocablos, expresando claramente la diferencia de significado.

rabo ≠ cola	linterna ≠ lámpara
lunar ≠ mancha	cuello ≠ pescuezo
marino ≠ marinero	pata ≠ pierna
camino ≠ carretera	seso ≠ cerebro
camisa ≠ camiseta	espalda ≠ lomo

APUNTES DE CLASE

Unidad diecinueve

107. Coloque el pronombre personal apropiado en las siguientes frases.

1. Por lo que veo, a tus tíos no _____ interesa la política.
2. A ti nunca _____ apetece divertirte.
3. A mí _____ encanta la televisión.
4. A nadie _____ agrada este tipo de situaciones.
5. A su novio _____ aburre el cine.
6. Sólo a unos pocos _____ conviene que suba el coste de la vida.
7. A sus padres no _____ atrae la idea.
8. A Pablo y a mí no _____ convence ese cantante.
9. A todos los seres humanos _____ gusta ser libres.
10. Según parece, a usted _____ preocupa muy poco lo que pueda ocurrirme.

108. Use la forma correcta de los pronombres personales en las siguientes frases.

1. A _____ te admira mucho.
2. ¿Se marchó con _____ (tú)?
3. No se preocupe usted de él; está con _____ (yo).
4. Pase lo que pase me acordaré siempre de _____ (tú).
5. Hablaba con _____ (él) mismo.
6. A _____ me lo cuenta todo.
7. Con _____ (tú) se sinceró, pero a _____ me mintió.
8. Siempre estaba haciendo comentarios de _____ (tú) y de _____ (yo).
9. La pulsera la he traído para _____ (tú).
10. Detrás de _____ (yo) había muchas sillas vacías.
11. Siempre llevaba el neceser con _____ (ella) en los viajes.

109. Coloque el verbo en cursiva en un tiempo apropiado y use el pronombre personal que exige el contexto.

MODELO: Sabemos que nosotros *le caemos* mal a Juani.

1. A Mari Paz *ir* _____ la marcha.
2. A nosotras no *sentar* _____ bien que nos traten así.

3. ¿(A vosotros) *hacer falta* _____ (yo) para algo?

4. A ti *sobrar* _____ todo el dinero que ganas.

5. ¿A quién *apetecer* _____ salir a dar una vuelta?

6. Sospecho que tú no *gustar* _____ a mi hermana.

7. A mí no *quedar* _____ nada de lo que me tocó en la lotería.

8. A ti poco te falta, pero a Juana *faltar* _____ el bolso y la máquina de hacer fotos.

9. A Pepe *gustar* _____ tú, pero es muy tímido y no lo manifiesta.

10. A ellos *encantar* _____ caminar bajo la lluvia.

11. Oye, Celia, ¿cuánto dinero *quedar* _____ ?

12. Perdona, pero (a ti) esa blusa *quedar* _____ mal.

13. Estoy segura de que estas cosas (a él) *cabrear* _____ mucho.

14. Comprendo que a usted *fastidiar* _____ trabajar los fines de semana.

15. (A mí) *fastidiar* _____ que metas tanto ruido.

16. Puede irse. No (nosotros) *hacer* _____ falta por hoy.

17. Pruébese otros. Éstos *quedar* _____ pequeños.

18. Desengáñate, Nuria, aunque Ricardo *gustar* _____ (a ti), no *ir* _____

19. Frank está triste (a él) *faltar* _____ su entorno familiar y otras cosas.

20. A Olga *sentar* _____ mal la cena de anoche y hoy está pachucha.

21. Por cierto, Chema, la chica que me presentaste *caer* _____ muy bien.

22. Sabemos de buena tinta que (tú) *caer* _____ mal a Julita.

110. Utilice las exclamaciones e interjecciones en cursiva en frases parecidas.

1. ¡*Caramba* con el señorito éste!

2. ¡*Chico*, qué mujer!

3. ¡Pero *hombre*! ¿Cómo tú por aquí?

4. ¡*Ahí va*, se me ha olvidado llamarle!

5. ¡*Toma*, si resulta que está aquí Alfredo!

6. ¡*Arrea*, qué trastazo se ha dado ese coche!

7. ¡*Vaya!* Conque espiando, ¿eh?

8. ¡*Mira* que es pesado este hombre!

9. ¡*Hay que ver* cómo vive la gente!

10. ¿Te has enterado de que Sofía se ha casado? ¡*Cómo*!

11. ¡*Mi madre*! ¡Qué cara más dura tiene!

12. ¡*Jesús*, qué animal, casi lo mata!

13. ¡*Andá*, si me he dejado las llaves dentro de casa!

14. ¡*Hija*, qué cosas dices!

15. ¡*Olé* la gracia de las madrileñas!

16. ¡*Viva* la alegría y el buen vino!

17. ¡*Mujer*, a ver si te aclaras!

18. ¡*Jo!* Vaya manera de incordiar.

111. Explique el significado de las siguientes palabras y expresiones.

Comisaría.

Ayuntamiento.

Casa de Socorro.

Caja de Ahorros.

Telefónica.

Correos.

Tribunal Supremo.

Ministerio.

La «mili».

Juzgado.

Congreso.

Renfe.

Aduanas.

Hacienda.

Gestoría.

Mudanzas.

Consigna.

Seguridad Social.

Funeraria.

Secretaría.

APUNTES DE CLASE

Unidad veinte

112. Sustituya la parte en cursiva por otra forma equivalente, según el modelo.

MODELO: Lo compré *para él.* ⟶ *Se* lo compré.

1. Lo comprará *para nosotras.*
2. La hemos comprado *para usted.*
3. Los habrán comprado *para ella.*
4. Lo habían comprado *para vosotros.*
5. ¿Lo compraste *para ellas?*
6. Lo compran *para ti.*
7. Los habían comprado *para usted.*
8. Las compraban *para nosotros.*

113. Sustituya los complementos en cursiva por los correspondientes pronombres personales, realizando los cambios sintácticos necesarios.

1. Saqué *las entradas* sin ninguna dificultad.
2. Entregué *el regalo a mi madre.*
3. Hemos oído *esa canción* y no nos gusta.
4. Cargué *los gastos* en tu cuenta.
5. Tienen que comer *judías con chorizo.*
6. Cuelgue *el abrigo* en la entrada.
7. Tu marido va a comprar *una gabardina para ti.*
8. Explicó *el problema a los niños.*
9. Escribí *una postal* desde Roma *a mis compañeros.*
10. No te pongas *esas botas,* te están ridículas.
11. Hemos comentado *la reforma de la casa* con el administrador.
12. Hay que hacer *todo lo que sea pertinente.*
13. Consideraré *sus consejos.*
14. Habrá que decir *a los suscriptores* que el próximo número de la revista llega atrasado.
15. Distribuyó *los folletos propagandísticos* entre los alumnos.

114. Varíe la posición del pronombre o pronombres personales en las siguientes frases, en los casos en que sea posible.

1. No necesito decir*te* lo que tienes que hacer.
2. Dá*mela* en seguida.
3. Quiero comunicár*selo* antes de que se vaya.
4. Estaba comiéndo*sela* con los ojos.
5. Tuvieron que extraer*le* dos muelas.
6. Piénsen*lo* y decidan cuanto antes.
7. Estaba ocultándo*noslo* todo el tiempo y nosotros sin saber*lo*.
8. Tu madre viene a visitar*nos* todos los jueves sin fallar uno.
9. Vámo*nos* antes de que empiece a llover.
10. Está pidiéndo*melo* a voces.

115. Conteste a las siguientes preguntas, afirmativa y negativamente, utilizando los pronombres personales correspondientes.

1. ¿Les has enviado el telegrama? ⟶
2. ¿Se ha puesto usted el impermeable? ⟶
3. ¿Habéis sacado las entradas? ⟶
4. ¿Has tenido en cuenta nuestra advertencia? ⟶
5. ¿Han encontrado ustedes ya el piso que buscaban? ⟶
6. ¿Habéis vendido el libro por fin? ⟶
7. Me disteis la dirección, ¿verdad? ⟶
8. ¡Mandaste el paquete certificado? ⟶

116. Conteste a las siguientes preguntas, afirmativa y negativamente, con un pronombre personal objeto.

1. ¿Tienen mucho dinero? ⟶
2. ¿Hay enemigos de la Constitución? ⟶
3. ¿Es interesante todo lo que dice? ⟶
4. ¿Está la llave echada? ⟶
5. ¿Es difícil ese juego? ⟶
6. ¿Tiene usted mucha prisa? ⟶
7. ¿Hay posibilidad de encontrar entradas? ⟶
8. ¿Tienes frío? ⟶
9. ¿Estaba la carne a punto? ⟶
10. ¿Hay algún camino más corto para llegar allí? ⟶
11. ¿Había mucho personal? ⟶

117. Sustituya la forma *le(s)* por *lo(s)* donde sea posible y correcto.

1. Le reconocí al instante.
2. Les traje a casa en el coche.
3. Le pagué el cheque a Ángeles.
4. Les dije que fueran puntuales.
5. Les hablé del tema.
6. Le comprendí sin grandes dificultades (a él).
7. Les vimos en la estación del Norte.
8. Le colocaron en el mejor asiento.
9. Le dije una palabrota.
10. Le destinaron al País Vasco.

118. Sustituya el pronombre *la(s)* por *le(s)* o viceversa donde sea: a) posible, y b) correcto.

1. Le escribí una carta a Conchita ayer.
2. Las encontramos (a ellas) en Berlín antes de la apertura del muro.
3. Le diré a tu querida esposa que estás fenomenal.
4. Estas gambas las comemos sólo en este sitio.
5. Allí les compramos a tus hermanas lo que nos habían pedido.
6. ¿Quién bañará a la niña? — Yo la bañaré.

119. Explique, dando un equivalente, las siguientes expresiones con el verbo *quedar*.

1. Me parece que has quedado muy mal con el personal.
2. Después de la reparación, el coche ha quedado muy bien.
3. Ha quedado en mandarme la carta por correo certificado.
4. A nadie le gusta quedar en ridículo.
5. ¿Nos bañamos, o no nos bañamos, en qué quedamos?
6. Me ha salido un ligue y he quedado con él en la puerta del pub.
7. ¿Quedamos a las siete o a las ocho?
8. Corre un poco más; te estás quedando atrás.
9. Ten cuidado; me parece que se está quedando contigo.

Unidad veintiuno

120. Rellene los puntos con el pronombre personal adecuado.

1. A esa señorita ya _____ conocía antes.
2. Aquel jarrón _____ había comprado en Hong-Kong.
3. Esto _____ considero inútil.
4. Cree que _____ sabe todo.
5. Esa oportunidad _____ dejé pasar.
6. Aquello me _____ temía.
7. Estos papeles _____ voy a tirar.
8. El pasaporte _____ renové la semana pasada.
9. Las fotografías _____ saqué en un fotomatón.
10. Siempre _____ quiere todo y no da nunca nada a cambio.

121. Transforme las siguientes frases, según el modelo.

Ya *le* hemos enviado el dinero a tu socio.
El dinero ya *se lo* hemos enviado a tu socio.
A tu socio ya *le* hemos enviado el dinero.

1. Le han quitado el vendaje al enfermo.
   El vendaje _____
   Al enfermo _____
2. Le van a sacar la muela del juicio mañana.
   La muela del juicio _____
   A él _____
3. Les vendimos la lancha a nuestros vecinos.
   La lancha _____
   A nuestros vecinos _____
4. Me han regalado esa raqueta australiana.
   Esa raqueta australiana _____
   A mí _____

5. Le expliqué los detalles a mi secretario.

Los detalles _____

A mi secretario _____

6. No han pasado todavía la cuenta del gas a ningún inquilino.

La cuenta del gas _____

A ningún inquilino _____

122. Coloque la partícula *se* donde sea posible o necesario.

1. No voy a esa peluquería porque el peluquero _____ peina muy mal.

2. _____ corta el pelo una vez al mes.

3. En Navidades _____ viene toda la familia a mi casa.

4. Él _____ estudió la lección con puntos y comas.

5. _____ marchó de casa hace dos años, y no le hemos vuelto a ver.

6. Al peinar _____ siempre _____ mira en el espejo.

7. _____ estuvieron quietos durante toda la conferencia.

8. Cuando esta chica trabaja nunca _____ asoma a la ventana.

9. Antes de convencer _____ a los demás tiene que convencer _____ él mismo.

10. _____ pelean constantemente por cualquier tontería.

11. ¡Baje _____ usted de ahí! Es peligroso.

12. Cuando _____ riega las flores _____ pone a cantar.

13. Está loco, _____ escribe cartas a sí mismo.

14. Cuando le dije lo que pasaba _____ quedó estupefacto.

15. Aquellos señores _____ odiaban a muerte.

16. _____ oyen muchos rumores estos días sobre la vida de los banqueros.

17. ¡Andá! _____ me ha olvidado la llave del portal.

18. _____ nos recomendó que tuviéramos mucho tacto.

19. _____ entregan pedidos a domicilio.

20. En los países mediterráneos _____ bebe vino en las comidas.

21. ¡Esté _____ quieto y no haga ruido!

22. _____ han ido de Atenas, ahora viven en Estocolmo.

23. Hablas bien el castellano pero _____ te nota el acento alemán.

24. Si no tenemos bastante dinero en efectivo, _____ le envía un cheque y asunto concluido.

25. ¡Que se fastidie! _____ lo tiene bien merecido.

26. Esos dos _____ quieren con todo el ardor de la juventud.

27. _____ conoce que a ninguno de ellos le interesa la economía.

28. _____ compra oro, plata y piedras preciosas.

123. Explique el sentido de las siguientes expresiones.

1. Patearon la obra de teatro.
2. Durante la conferencia, el público era todo oídos.
3. Esta bocacalle no tiene salida.
4. Ojos que no ven, corazón que no siente.
5. Siempre se sale con la suya; tiene mucha mano izquierda.
6. No pegué ojo en toda la noche.

124. Nombres de parentesco.

1. ¿Cómo se llama el marido de mi hermana? →
2.   ¿y el hijo de mi hermano? →
3.   ¿y el padre de mi mujer? →
4.   ¿y el marido de mi hija? →
5.   ¿y la hermana de mi madre? →
6.   ¿y el hijo de mi tío? →
7.   ¿y la madre de mi padre? →
8.   ¿y la abuela de mi madre? →
9.   ¿y la mujer de mi hijo? →
10.   ¿y el hermano de mi mujer? →
11.   ¿y el hombre cuya esposa ha muerto? →
12.   ¿y el segundo marido de mi madre? →
13.   ¿y el hijo del primer matrimonio de mi mujer? →
14.   ¿y la segunda esposa de mi padre? →
15.   ¿y mi padre de bautismo? →
16.   ¿y mi madre de bautismo? →
17.   ¿y mi hijo de bautismo? →

APUNTES DE CLASE

Unidad veintidós

125. Ponga el adjetivo o pronombre demostrativos que mejor se adapte al contexto.

Este, esta, esto, estos, estas:

1. _____ caballos no son purasangres, _____ sí lo es.
2. Tu periódico habla mucho sobre el asunto, pero _____ lo trata con más ingenio.
3. Mis camisas son mejores que _____ , aunque también son más caras.
4. _____ se creen muy listos, pero creo que les va a salir el tiro por la culata.
5. No conozco _____ novela, ni tampoco _____ cuentos.
6. Lo mejor que puedes hacer es llevarte mi bicicleta y tirar _____ trasto.
7. Francamente, _____ que dices me parece una locura.

Ese, esa, eso, esos, esas:

8. No me refiero a esto, sino a _____ que tú y yo sabemos.
9. _____ afirmación me parece demasiado temeraria.
10. A _____ les voy a ajustar yo las cuentas.
11. Los caballeretes _____ vienen por aquí todos los días.
12. Cuidado, te has pasado _____ disco rojo.

Aquel, aquella, aquello, aquellos, aquellas:

13. _____ chica es mucho más atractiva que ésta.
14. Lo pasamos en grande _____ vacaciones.
15. No es de _____ de lo que quería hablarte, sino de esto.
16. Los romanos y los griegos pusieron las bases de la cultura occidental, éstos en el terreno teórico, _____ en el terreno práctico.
17. En _____ circunstancias era imposible actuar.

126. Dé las formas que van entre paréntesis, elimine las que no considere adecuadas.

La solución que das al problema no me parece oportuna. En *(esta-esa–aquella)* situación lo mejor es guiarse por la conversación que tuvimos en *(este-ese-aquel)* café de la calle del Barco.

Comprenderás que *(esta-esa-aquella)* secretaria, por muy eficiente que sea, no tiene *(este-ese-aquel)* don de gentes que se necesita en una empresa de *(este-ese-aquel)* tipo. A *(estas-esas-aquellas)* alturas, debería haber aprendido a tratar a nuestros acreedores con más tacto. Sinceramente, creo que deberíamos reemplazar a *(esta, esa, aquella)* secretaria por *(esta-esa-aquella)* otra que nos recomendó *(este-ese-aquel)* colega con el que hablamos en el café. De *(esta-esa-aquella)* manera, con una mujer agradable y de buena presencia, para recibir a los clientes malhumorados, evitaríamos *(estos-esos-aquellos)* incidentes que se vienen sucediendo de un tiempo a *(esta-esa-aquella)* parte.

127. Explique el sentido de los siguientes modismos y expresiones estudiantiles.

1. Se le da muy bien tomar apuntes.
2. He sacado un aprobado, dos notables, tres sobresalientes y una matrícula de honor.
3. Le han concedido una beca.
4. Ese chico alto es un empollón.
5. ¿Te vas a presentar a ese examen?
6. Hoy pasará lista el profesor.
7. Estoy pegado(a)/(pez) en física.
8. ¡Vaya tía! Siempre lleva chuletas al examen.

128. ¿A qué país, ciudad o región pertenecen los siguientes gentilicios?

1. Donostiarra.
2. Catalán.
3. Argelino.
4. Gaditano.
5. Vallisoletano.
6. Abulense.
7. Malagueño.
8. Vasco.
9. Ecuatoriano.
10. Costarricense.
11. Vietnamita.
12. Libanés.
13. Rumano.
14. Suizo.
15. Libio.
16. Danés.

129. Explique la diferencia entre las siguientes palabras.

1. aptitud ≠ talento.
2. jugo ≠ zumo.
3. sensible ≠ sensato.
4. colegio ≠ escuela ≠ instituto.
5. cursi ≠ ridículo.
6. pudor ≠ modestia.
7. suave ≠ blando.
8. liso ≠ áspero.

Unidad veintitrés

130. Coloque el adjetivo o pronombre posesivos más adecuado al contexto.

1.ª Persona singular (yo)

1. No te consiento que uses _____ coche.
2. Este amigo _____ sabe mucho de historia.
3. Tus preocupaciones no son las _____
4. Tu profesión es interesante, pero la _____ es fascinante.

2.ª Persona singular (tú)

1. Mi chica cocina mejor que _____ mujer.
2. Lo que es mío es también _____
3. _____ amigotes me fastidian.
4. _____ razones no me convencen en absoluto.

3.ª Persona singular (él, ella)

1. _____ desesperación era verdaderamente patética.
2. _____ negocios iban de mal en peor.
3. Este libro _____ es un rollo.
4. Hay que reconocer que nuestros empleados son menos capaces que los _____

1.ª Persona plural (nosotros/as)

1. _____ aspiraciones son idénticas.
2. Ese jardín se parece al _____
3. Aquella casa _____ está hecha una pena.
4. No desconfíes; es _____

2.ª Persona plural (vosotros/as)

1. _____ hijos son muy salados.
2. Dijo el orador: «Jóvenes, el mundo es _____ »
3. Con su permiso y con el _____ me retiro.
4. Cuida _____ amistades.

3.ª Persona plural (ellos, ellas)

1. _____ pretensiones eran demasiadas.
2. En _____ caso yo no me preocuparía.
3. Este cuñado _____ es un hombre de bien.
4. Se me averió el coche en las mismas circunstancias que las _____

(Usted-ustedes)

1. Déme _____ dirección y _____ teléfono.
2. Hay que reconocer que _____ punto de vista es convincente.
3. Sí, mi chico es aplicado, pero el _____ es más inteligente.
4. ¿Son _____ estos papeles?

131. Rellene los puntos con la forma adecuada del posesivo.

1. No sabe qué hacer con _____ hijo mayor. Es un bala perdida.
2. ¿No has traído _____ (de ti) paraguas? ¡Llévate el mío!
3. _____ (de nosotros) puntos de vista coinciden.
4. _____ (de vosotros) razones no me convencen.
5. Si estudias, la moto será _____ (de ti).
6. No me quiero meter en _____ (de ellos) negocios.
7. Estas batas son _____ (de ellas), no las cojáis.

132. Rellene los puntos con el artículo y la preposición que exija el contexto.

1. La voz que oíste no era _____ John Lennon; era otro Beatle.
2. Los servicios están allí; _____ las señoras a la derecha y _____ caballeros a la izquierda.
3. Los niños que juegan en el jardín no son míos; son _____ vecinos.
4. Los abrigos que están sobre la cama son _____ los invitados.
5. El tema de la tesis de Nieves es interesante; _____ Maruchi, aburridísimo.
6. El equipaje de usted ya ha llegado; _____ sus amigos tardará más.
7. Los hijos de los ricos siempre tienen más oportunidades que _____ los pobres.
8. Las perlas de este collar son falsas; _____ ése que ves allí, auténticas.
9. Los tenistas de hace años era buenos; _____ hoy día son mejores.
10. La gestión de su primo ya está resuelta; _____ su cuñada tendrá que esperar un poco.

133. Explique el significado de las siguientes palabras y expresiones.

Cartero.

Guardarropa.

Guardia urbano.

Guardia civil.

Policía nacional.

Policía municipal.

Abono de transportes.

Partida de nacimiento.

Partida de bautismo.

Certificado médico.

Carnet de identidad.

Carnet de conducir.

Vigilante.

Funcionario.

APUNTES DE CLASE

Unidad veinticuatro

134. Dé la forma adecuada del artículo determinado.

1. _____ que fue a Sevilla, perdió su silla.
2. No te fíes de _____ que prometen demasiado.
3. No todo _____ que dice es interesante.
4. Esa chaqueta te sienta mal, _____ de pana te cae mejor.
5. Los vecinos de abajo son muy ruidosos, _____ de enfrente son muy prudentes.
6. No vino tu novia, _____ que vino fue su hermana.
7. Los vinos de la Rioja son más ásperos que _____ de Andalucía.
8. Esa calle es dirección prohibida, _____ de la derecha, no.
9. Esa tienda es muy cara. Compra en _____ de la esquina.
10. _____ de Rodríguez son unas cursis.
11. Esta raqueta no me va; con _____ de tu hermano juego mejor.

135. Coloque la forma o formas adecuadas de los relativos en cursiva en las frases siguientes.

Que, cual-es, quien-es, cuyo-a-os-as

1. Esta mañana ha estado aquí el representante por _____ preguntabas.
2. Hay muchas cosas de ese señor _____ no comprendo.
3. _____ espera, desespera, reza el refrán.
4. Elige el libro _____ quieras.
5. Eres tú a _____ quiero hablar, y no a tu hermano.
6. He visto al ingeniero _____ padre es compañero del mío.
7. Estas revistas las hemos leído ya, pero las _____ nos interesan no las hemos podido conseguir.
8. La obra de teatro con _____ debutó ese actor era bastante mala.
9. Los chicos _____ nos acompañan, estudian Empresariales.
10. Hemingway, _____ obras son conocidas en todo el mundo, era un gran entusiasta de los toros.
11. Fue él _____ llegó tarde, no tú.

12. En este momento en _____ atravesamos circunstancias difíciles, es preferible no arriesgarse.

13. La aldea en _____ naciste no tenía ni teléfono ni electricidad, lo _____ por desgracia, era muy corriente hace años.

14. Al _____ he visto mucho esta temporada es a Luis.

136. Coloque una forma adecuada del relativo en las siguientes frases.

1. Me ha dado todo _____ pedí.
2. Apenas me habló, de _____ deduzco que está enfadado conmigo.
3. Hay _____ nace cansado y no se recupera en la vida.
4. Él es _____ debe presentarse al director.
5. La semana _____ viene salimos de viaje.
6. Los _____ lo deseen pueden hacer el examen el próximo día.
7. Te mando las medicinas _____ me encargaste.
8. Los obreros, _____ vivían lejos, llegaron tarde al trabajo.
9. Los alumnos _____ no estudiaron lo suficiente, suspendieron la asignatura.
10. Tiraron las manzanas, _____ estaban podridas, a los cerdos.
11. Los bomberos _____ estaban de guardia, acudieron con gran rapidez a la llamada.
12. Te voy a explicar la razón por _____ estoy aquí.
13. _____ mucho abarca, poco aprieta.
14. Las personas _____ estaban detrás, apenas podían ver ni oír a los actores.
15. El pueblo _____ olvida su historia está condenado a repetirla, dijo Jorge Santayana.

137. Dé la forma apropiada del pronombre o adverbio relativos.

1. Ellas fueron _____ nos ayudaron.
2. Este chico es _____ hace los recados.
3. Fue el viernes _____ se fueron.
4. Allí era _____ vivían.
5. Le di _____ tenía.
6. Es contigo con _____ quiero dialogar.
7. Fue por eso por _____ reñimos.
8. Era de Marta de _____ hablábamos.
9. Lo hizo _____ creyó conveniente.
10. La tratarán _____ la vean vestida.
11. ¿Era para aquello para _____ me necesitabas?
12. Es desde aquí desde _____ se ve mejor el espectáculo.

138. Diga los verbos de significación contraria a los siguientes.

1. Trabajar.	11. Expirar.	21. Alojar.
2. Reunir.	12. Recibir.	22. Limpiar.
3. Recordar.	13. Aumentar.	23. Aparecer.
4. Sentarse.	14. Amanecer.	24. Montar.
5. Vestirse.	15. Moverse.	25. Habitar.
6. Apearse.	16. Comer.	26. Excluir.
7. Hablar.	17. Atar.	27. Meter.
8. Conocer.	18. Construir.	28. Abrochar.
9. Peinarse.	19. Divertirse.	29. Salir.
10. Poner.	20. Regresar.	30. Mojar.

139. Haga una frase con cada una de estas palabras que muestre claramente su significado. (Busque en el diccionario de la Real Academia las que desconozca.)

chollo	desmadre
incordio	mogollón
contactar	promocionar
parapsicología	relajo
retiro	sentada
pintada	serial
porcentaje	ordenador
machismo	feminismo

APUNTES DE CLASE

Unidad veinticinco

140. Lea las siguientes frases.

1. Hizo todo el viaje a una media de 120 kilómetros por hora.
2. Había unas 100 personas en la conferencia.
3. Me quedan 1.000 pesetas para terminar el mes.
4. Fueron a recibirle unas 3.000 personas.
5. Vivo en Mayor, 45, piso 1.º E, cerca de la plaza de Oriente.
6. Nuestros amigos han alquilado el 3.er piso de esa casa.
7. El 1 de noviembre es fiesta en todo el territorio nacional.
8. Desde 1999 ha aumentado enormemente la circulación en Madrid.
9. El siglo XX es el siglo de la técnica y el XIX el de la ciencia.
10. América fue descubierta en 1492.
11. Este año celebramos el 20 aniversario de nuestra boda.
12. Su abuelo llegó a vivir 103 años.
13. La guerra civil española duró de 1936 a 1939.
14. La noche del 31 de diciembre se llama en España Nochevieja.
15. El año 1000 se creyó que marcaría el fin del mundo en toda la Cristiandad.
16. Creo que no gana más de 12.500 pesetas a la semana.
17. ¿Tiene usted bastante con 7.000 escudos?
18. La población de la ciudad de México era de 7.000.000 de habitantes en 1970, hoy tiene casi 30.000.000.
19. Ávila está situada a 1.000 metros sobre el nivel del mar.
20. En Córdoba (España) es muy frecuente alcanzar temperaturas de 40º centígrados sobre cero en pleno verano.
21. Mi amigo ganó 100.000 pesetas a las quinielas y a mí me tocó 1/4 de millón.
22. El año 1981 fue uno de los más secos del siglo en Andalucía, y el 1998 uno de los más lluviosos.

141. Lea los siguientes números en forma ordinal.

1, 2, 3, 4, 5, 6, 7, 8, 9, 10, 11, 12, 13, 14, 15, 20, 23, 25, 29.

142. Lea los siguientes números romanos.

I, II, III, IV, V, XIX, XC, MCCXV, LVII, MCDXXV.

143. Lea estas operaciones aritméticas.

$5+7=12$; $30-5=25$; $5X3=15$; $24:6=4$.

144. Explique el significado de los siguientes modismos con numerales.

1. Nos visita cada dos por tres.
2. Esto es tan cierto como que dos y dos son cuatro.
3. Sigue en sus trece; no hay quien le convenza.
4. Voy a tener que cantarle las cuarenta.
5. Allí no había más que cuatro gatos.
6. A pesar de lo que digas, tu hermano te da ciento y raya.
7. No hay por qué buscarle tres pies al gato.
8. Me importa un rábano.
9. A la tercera va la vencida.
10. Los últimos serán los primeros.
11. Una de dos, o están borrachos o se lo hacen.

145. Haga frases que tengan sentido con las siguientes palabras y expresiones del lenguaje amoroso.

Coquetear con.

Ir en serio.

Quedar (citado) con alguien.

Anulación.

Casarse de «penalty».

Dejar plantado (a).

Ligar.

Ser cariñoso(a).

Salir con (alguien).

Engañar (ponerle los cuernos) a alguien.

Separación.

Pelearse con.

Enamorarse de.

Rejuntarse.

Unidad veintiséis

146. Complete el sentido de estas frases con el indefinido, numeral o demostrativo más adecuado al contexto.

Alguno, ninguno, cualquier(a), uno, ambos, primero, tercero, sendos, tal.

1. Según la Biblia, nuestros _____ padres fueron Adán y Eva.
2. Eso que estás haciendo lo puede hacer _____; no tiene nada de particular.
3. Es un hombre que tiene muchas respuestas y _____ pregunta.
4. Ya te lo he dicho dos veces; a la _____ va la vencida.
5. La _____ Guerra Mundial empezó en 1914.
6. Ese tejido se encuentra en _____ tienda; es muy corriente.
7. ¿Ha visto usted esa película que se titula «El _____ hombre»?
8. Esta porcelana antigua la compré en _____ tenducho del Rastro.
9. La _____ vez que lo vi me resultó antipático, pero después he cambiado de opinión.
10. ¿Tienes _____ dinero suelto?, necesito pagar el taxi y no tengo cambio.
11. Siento decir que no me gusta _____ novelista actual; son unos pelmazos.
12. ¡_____ diría que ha pasado hambre!, ahora tiene tres coches.
13. Eso que dices lo sabe _____ .
14. ¡_____ lo adivina!
15. _____ hermanos se compraron _____ abrigos.
16. _____ razones no me convencen ni me convencerán nunca.
17. _____ contendientes terminaron agotados.
18. En _____ circunstancias no puedo negarme a ayudarte.
19. Con motivo del día de la Patrona se distribuirán 8.000 tortillas a la española y chuletas de cordero en _____ bolsas de plástico.

147. Complete el sentido de estas frases con el adverbio o adjetivo que mejor vaya al contexto.

Muy, mucho, bien, bueno.

1. El gazpacho frío sabe _____ .
2. Se expresa _____ .
3. Tengo _____ hambre.
4. No me encuentro _____ ; tengo _____ dolor de cabeza.

5. La película fue bastante _____ .

6. El postre está _____ .

7. No estoy _____ hoy.

8. Tu determinación no me convence _____ .

9. Eso está _____ , pero me cuesta _____ trabajo creerlo.

10. Eran gente de _____ dinero.

148. Complete las siguientes frases con una preposición y un infinitivo.

1. Se enorgullece _____

2. No te vanaglories _____

3. No vuelvas _____

4. Acostumbra _____

5. Accedí _____

6. He aprendido _____

7. Hay que arriesgarse _____

8. Se apresuró _____

9. Aspiro _____

10. Basta _____

11. No cesa _____

12. No te comprometas _____

13. No confío, _____

14. Todo consiste _____

149. Diga los adjetivos contrarios a los que aparecen en cursiva.

1. Estas naranjas son *dulces*.

2. Ésta es agua *dulce*.

3. Tiene una mentalidad muy *cerrada*.

4. Es una región muy *fértil*.

5. Es un niño *tímido*.

6. Mi abuelo es muy *tacaño*.

7. Sus palabras fueron *sinceras*.

8. Nos chocó lo *orgulloso* de su conducta.

9. La comida está *sabrosa*.

150. Forme frases con las siguientes expresiones donde aparece la palabra *punto*.

1. Estar a punto de.

2. Punto de vista.

3. Puntos suspensivos.

4. En punto.

5. Punto seguido.

6. Lo dijo él y punto.

7. Hacer punto.

8. Punto y aparte.

9. Punto cardinal.

10. Poner puntos (en una herida).

151. Lea e identifique los anglicismos de la columna de la izquierda con palabras españolas de la columna de la derecha.

parking	trauma
chequeo	marca
record	parada (alto)
night club	sala de fiestas
round	asalto
relax	pelea
stop	cuadrilátero
match	aparcamiento
marketing	estudio de mercados
shock	reconocimiento médico
ring	periodista
reportero	relajación

APUNTES DE CLASE

Unidad veintisiete

152. Diga el femenino de las siguientes palabras.

1. Toro.
2. Presidente.
3. Yerno.
4. Caballo.
5. Rey.
6. Joven.
7. Dependiente.
8. Intérprete.
9. Cantante.
10. Mar.
11. Tío.
12. Sastre.
13. Actor.
14. Príncipe.
15. Imbécil.
16. Estudiante.
17. Testigo.
18. Suegro.
19. Carnero.
20. Azúcar.
21. Padrino.
22. Tigre.
23. Alcalde.
24. Pianista.
25. Varón.
26. Padre.
27. Mártir.
28. Homicida.
29. Conferenciante.
30. Cuñado.

153. Diga el femenino de las siguientes palabras.

1. Catedrático.
2. Poeta.
3. Bailarín.
4. Emperador.
5. Juez.
6. Sacerdote.
7. Secretario.
8. Amante.
9. Sirviente.
10. Médico.
11. Locutor.
12. Profesor.
13. Mulo.
14. Marqués.
15. Abogado.
16. Telefonista.
17. Periodista.
18. Adolescente.
19. Deportista.
20. Candidato.

154. Determine el género de las siguientes palabras colocándole el artículo determinado apropiado.

1. Broma.
2. Idioma.
3. Radiador.
4. Fantasma.
5. Corazón.
6. Radio.
7. Lengua.
8. Tema.
9. Canción.
10. Día.
11. Papa.
12. Reúma.
13. Menú.
14. Pez.
15. Uva.
16. Juventud.
17. Tribu.
18. Pote.
19. U.
20. Tos.
21. Mapa.
22. Higuera.
23. Higo.
24. Catorce.
25. Dibujo.
26. Amor.
27. Énfasis.
28. Sal.
29. Tesis.
30. Cárcel.
31. Planeta.
32. Problema.
33. Ciruela.
34. Programa.
35. Canarias.
36. Matemáticas.
37. Vejez.
38. Ave.
39. Metrópoli.
40. Análisis.
41. Flor.
42. Libertad.
43. Clima.
44. Crucigrama.
45. Trigo.
46. Mano.
47. Escultura.
48. Césped.
49. Telegrama.
50. Sistema.
51. Lema.

155. Explique las diferencias entre las siguientes frases.

1. Le llevé el maletín a la oficina.
   Le traje el maletín a la oficina.
2. A pesar de haberles prestado el dinero, no le llevaron ni el más mísero regalo.
   A pesar de haberles prestado el dinero, no les trajeron ni el más mísero regalo.
3. Salimos de casa al anochecer.
   Nos fuimos de casa al anochecer.
4. ¡Espere usted! Salgo dentro de unos segundos.
   ¡Espere usted! Me voy dentro de unos segundos.
5. Salimos de España dos veces al año.
   Me voy de España pasado mañana.

156. Palabras que cambian de significado según el género. Forme frases.

1. El capital ≠ la capital.
2. El orden ≠ la orden.
3. El cura ≠ la cura.
4. El frente ≠ la frente.
5. El corte ≠ la corte.
6. El cólera ≠ la cólera.

7. El margen ≠ la margen.

8. El policía ≠ la policía.

9. El vocal ≠ la vocal.

10. El calavera ≠ la calavera.

APUNTES DE CLASE

Unidad veintiocho

157. Ponga las siguientes palabras en plural.

1. El lunes.
2. El lápiz.
3. El carácter.
4. La crisis.
5. El andaluz.
6. El cáliz.
7. El rubí.
8. El hacha.
9. El jabalí.
10. El agua.
11. El águila.
12. El viernes.
13. El régimen.
14. La voz.
15. La cruz.
16. La tesis.

158. ¿Cuáles de las siguientes palabras admiten el singular?

1. Gafas.
2. Tijeras.
3. Víveres.
4. Tenazas.
5. Gemelos.
6. Modales.
7. Alrededores.
8. Afueras.
9. Tinieblas.
10. Agujetas.
11. Pantalones.
12. Alicates.
13. Cosquillas.
14. Narices.
15. Calcetines.
16. Enseres.
17. Pulmones.
18. Orejas.
19. Celos.
20. Bodas.
21. Funerales.
22. Postres.
23. Helados.
24. Equipajes.

159. Palabras que tienen distinto significado según vayan en singular o plural. Forme frases en ambos números.

1. Facción.
2. Corte.
3. Esposa.
4. Grillo.

5. Bien.
6. Deber.
7. Celo.

8. Alma.
9. Facilidad.
10. Fuerza.

160. ¿Cuáles de las siguientes palabras admiten plural?

1. Sed.
2. Calor.
3. Temblor.
4. Oeste.
5. Club.
6. Salud.
7. Hambre.
8. Tez.

9. Razón.
10. Caos.
11. Puñetazo.
12. Caridad.
13. Plata.
14. Enhorabuena.
15. Ciervo.
16. Pescado.

161. Explique el sentido de las siguientes construcciones con los verbos *pasar* o *caer*.

1. Lo han pasado muy bien en la verbena.
2. ¡Muy ingenioso!, pero te pasas de listo.
3. ¡Camarero, el filete que esté muy pasado!
4. No te cae bien ese gorro.
5. La Semana Santa suele caer por marzo o abril.
6. No han llegado, pero están al caer.
7. Yo paso de política.
8. ¡Como hagas eso, se te va a caer el pelo!
9. ¡Hija!, eso es pasarse de la raya.
10. Metió la pata y se cayó con todo el equipo.

162. Forme frases que tengan sentido con las palabras siguientes. (Palabras que cambian de significado según el género.)

el cometa ≠ la cometa
el pendiente ≠ la pendiente
el partido ≠ la partida
el cubo ≠ la cuba
el soldado ≠ la soldada
el pez ≠ la pez

el editorial ≠ la editorial
el guía ≠ la guía
el parte ≠ la parte
el coma ≠ la coma
el pelota ≠ la pelota
el palo ≠ la pala

Unidad veintinueve

163. Coloque el artículo determinado donde sea necesario.

1. No sabes _____ trabajo que me costó pintar la habitación.
2. Habla _____ francés e _____ inglés a _____ perfección.
3. Va por _____ cuarto año de _____ derecho.
4. ¿Te gusta _____ fruta o prefieres _____ flan?
5. ¡Ay, me he mordido _____ lengua!
6. Se arremangó _____ camisa; hacía mucho calor en la habitación.
7. Me duele _____ dedo gordo de _____ pie.
8. Con ese traje te iría mejor _____ corbata azul.
9. Se metió _____ mano en _____ bolsillo.
10. Estudia _____ matemáticas para ingresar en una escuela de ingenieros.
11. No le gusta _____ arte, prefiere _____ historia.
12. ¡Bueno, hasta _____ sábado a _____ once en punto!
13. Me encanta _____ chocolate con _____ churros.
14. _____ gramática suele resultar bastante pesada.
15. Sabe _____ informática y es trilingüe; eso le ayudará a conseguir un buen empleo.
16. _____ ser humano es ambicioso por naturaleza.
17. _____ Madrid del siglo XIX era un pueblo grande.
18. _____ Tío Sam es un símbolo de los Estados Unidos.
19. _____ alegrías y _____ penas se mezclan en nuestra vida.

164. Coloque el artículo indeterminado donde sea necesario.

1. Me gusta María porque tiene _____ algo muy atractivo.
2. Le dio _____ cólico a medianoche por comer en exceso.
3. Su hermano es _____ pintor, pero no gana _____ céntimo.
4. Los huevos están a 250 pesetas _____ docena.
5. Él es _____ católico, pero su mujer es _____ protestante.
6. Fui _____ profesor de ese colegio, pero ahora enseño en _____ otro.
7. Por aquella época era _____ electricista.
8. ¡Señorita!, soy _____ soltero y sin compromiso.

9. ¡Caballero!, soy _____ casada.

10. Le estoy cogiendo _____ asco tremendo a esta casa.

11. Tengo _____ resaca espantosa, ayer bebí mucho.

12. Hoy estás de _____ antipático que no hay quien te aguante.

13. No me gusta ese chico es de _____ soso increíble.

14. ¡Qué _____ lástima!, no hemos tenido tiempo de saludarle.

15. Vino _____ otra persona a verme por lo del empleo.

16. Como _____ abogado debo recomendarle que tenga prudencia.

17. Su difunta madre era toda _____ mujer.

18. Está hecho _____ calavera.

19. Se cree _____ Dios.

20. El catedrático de geología es _____ hueso.

21. En la esquina había _____ tipos mal encarados.

22. ¿Qué es? — Es _____ jueza en el País Vasco.

165. Coloque el artículo determinado o indeterminado donde sea necesario.

1. _____ doctor, me pica mucho la nariz estos días.

2. _____ señor presidente, ¿por qué no nos sube el sueldo?

3. _____ sábados por la tarde cierra el comercio.

4. En _____ martes ni te cases ni te embarques.

5. _____ señor Ardau es _____ hombre muy ocupado.

6. En dos minutos se puso _____ corbata, _____ camisa, _____ pantalones y _____ zapatos.

7. Tenemos _____ coche, pero no lo usamos.

8. Su conducta era impropia de _____ catedrático.

9. A pesar de su juventud era todo _____ hombre.

10. Mi amigo Enrique es _____ Don Juan.

11. Me fumé _____ paquete completo de cigarrillos y luego _____ otro que me dieron.

12. El problema de muchos jóvenes españoles es conseguir _____ empleo.

13. Su madre es _____ médica.

14. _____ ancas de rana son _____ manjar en algunos países.

15. _____ romanos fueron un pueblo pragmático y en ocasiones cruel.

166. Busque la posible equivalencia en su lengua nativa de estos usos del adverbio *ya*.

1. *Ya lo sé*, porque lo he leído.

2. *Él ya estaba* allí cuando yo llegué.

3. *Ya se lo comunicaré* a usted cuando tenga noticia.

4. Lo siento, pero ese señor *ya no vive* aquí.

5. *Ya me lo supongo*, porque me avisó con antelación.

6. *Ya no se ven* los viejos tranvías por las calles de la ciudad.

7. *Ya lo comprendo*, no le des más vueltas al asunto.

8. *Ya no escribe* más porque no le publican nada.

9. ¡*Ya está bien* de bromas! No te pases.

10. ¿Te das cuenta? — *Ya, ya.*

11. Lo mejor es que le devuelvas las tres mil pesetas, ¡y *ya está*!

167. Forme frases que expresen la diferencia de significado entre las siguientes palabras.

1. Pez ≠ pescado.

2. Pescador ≠ pescadero.

3. Cuesta ≠ costa.

4. Perjuicio ≠ prejuicio.

5. Sombrero ≠ boina.

6. Zapatos ≠ zapatillas.

7. Lomo ≠ espalda ≠ respaldo.

8. Talón ≠ tacón.

9. Boca ≠ hocico ≠ pico.

10. Diente ≠ muela ≠ colmillo.

11. Abeja ≠ oveja.

12. Folleto ≠ folletín.

13. Esquina ≠ rincón.

14. Jersey ≠ chaleco.

15. Conductor ≠ cobrador.

16. Filo ≠ borde.

Unidad treinta

168. Use el artículo determinado apropiado.

1. Me hacen daño _____ gafas.
2. A Pepita le duele _____ garganta.
3. Tengo las manos frías y _____ corazón caliente.
4. Antes de salir tienes que ponerte _____ corbata.
5. De tanto secarlo, se le estropeó _____ pelo.
6. Perdieron _____ pasaporte al poco rato de pasar la frontera.
7. Resbaló y se dislocó _____ hombro izquierdo.
8. Nada más levantarme, me cepillo _____ dientes.

169. Coloque el artículo determinado o indeterminado donde sea necesario.

1. _____ rugby es mucho menos popular en España que el fútbol.
2. Después de comer pidió _____ café, copa y puro.
3. Cuando encarecieron _____ plátanos, compraba _____ naranjas.
4. _____ ordenador ha sustituido ya prácticamente a la máquina de escribir.
5. Dame _____ pan y llámame tonto.
6. _____ muerto al hoyo y _____ vivo al bollo.
7. Para ser buen comerciante hay que tener _____ vista.
8. No me agradaba _____ vista que se divisaba desde el balcón.
9. El anuncio del periódico decía: «necesitamos _____ guardaespaldas.»
10. «Se necesita _____ hombre de confianza para dirigir _____ empresa de ámbito internacional.»
11. A casi todo el mundo le gusta _____ dulce.
12. _____ doctor Fleming fue _____ gran benefactor de la humanidad.
13. _____ señorita Fernández se distingue por su elegancia en _____ vestir.
14. _____ señor director llega siempre tarde.
15. Se le planteó _____ dilema de abandonarlo y ser feliz o seguir con él y ser desgraciada.

170. Elija entre los artículos *el* y *lo* el más apropiado al contexto en las frases siguientes.

1. _____ bueno, si breve, dos veces bueno, dijo Baltasar Gracián.
2. _____ noble es respetar los sentimientos de los demás.
3. Me gusta _____ verde del paisaje asturiano.
4. A todos los niños les gusta _____ dulce.
5. _____ envejecer no es _____ triste, sino _____ ver envejecer a los otros.
6. Se produce vino a _____ largo y a _____ ancho de España.
7. He comprendido _____ noble y _____ bello de esa nación.
8. El sastre me tomó medidas de _____ largo y _____ ancho de la chaqueta.
9. _____ pensar en los demás es la primera regla de la convivencia.
10. _____ hacerse esperar era una de sus características más desagradables.
11. _____ que tenga sesenta años no le autoriza a pontificar.
12. _____ absurdo de Juan es que nunca sabe lo que quiere.
13. _____ que tengas dinero no te hace superior a los demás.
14. ¿No ven ustedes _____ ridículo de su comportamiento?
15. Muestra un culto por _____ antiguo impropio de su edad.
16. Los amigos le hacían _____ vacío.
17. _____ natural es sinónimo de elegancia.
18. Pablo es un pintor especializado en _____ desnudo.

171. Complete las frases siguientes con la preposición adecuada y un sustantivo o pronombre.

1. Debería fijarse más _____ lo que hace.
2. En Bruselas nos encontramos _____ .
3. Si me lo pides me caso _____ .
4. No se olviden que cuento _____ .
5. Esta niña no se parece _____ .
6. Dice que me quiere, pero yo no estoy enamorada _____ .
7. ¡Como sigas haciendo el tonto me enfado _____ !
8. Ayer se enteraron _____ .
9. No soy tan feo. No sé por qué se asusta _____ .
10. Siempre se quejan _____ .

172. Explique el sentido de las siguientes expresiones.

1. Ese sitio que me dices no me cae a mano.
2. No tiene pelos en la lengua.

3. Es un perro viejo; se las sabe todas.

4. Su hermano tiene muy mala pata.

5. Explicó el suceso en un abrir y cerrar de ojos.

6. La gestión salió a pedir de boca.

173. Diga los sinónimos que conozca de las siguientes palabras.

criada	chico
trabajador	baile
clase	guardia
chaqueta	jersey
buque	cristal
periódico	chiste
cuadro	cama

APUNTES DE CLASE

Unidad treinta y uno

174. Elija entre estas partículas *como, que, más, menos, tanto como, tan, tanto(-a, -os, -as)* las que mejor vayan a las siguientes oraciones.

1. Viven —————————— lejos del centro —————————— yo.
2. Rodrigo habla italiano —————————— bien —————————— su padre.
3. Hoy había en la corrida —————————— gente —————————— ayer.
4. Mi abuela vivió —————————— años —————————— la tuya.
5. En España se trabaja —————————— —————————— en cualquier otro país europeo.
6. Ese médico no sabe —————————— —————————— parece.
7. ¡No me fastidies! Tú no eras —————————— fuerte —————————— yo.
8. Joaquín era —————————— empollón —————————— Paco. Por eso sacaba peores notas.
9. En este país dormimos —————————— —————————— en otras partes del mundo. ¿Verdad?
10. Ese artículo es —————————— malo —————————— nadie lo compra.
11. Son —————————— ridículos —————————— producen risa.
12. Últimamente llueve —————————— que no se seca la ropa.
13. Gastaban —————————— —————————— no les llegaba a fin de mes.
14. Paca y Celia son —————————— encantadoras —————————— todo el mundo las quiere.

175. Elija la forma adecuada de estos adjetivos que vaya al contexto.

Bueno, malo, grande, santo, tanto.

1. Todo el mundo conoce la parábola del « —————————— samaritano —————————— ».
2. El descubrimiento de América fue la —————————— aventura —————————— del siglo XV.
3. Gana —————————— dinero —————————— que no sabe qué hacer con él.
4. Es —————————— estúpido —————————— que ni siquiera sabe dónde tiene la mano derecha.
5. El que disfruta con el daño ajeno es un —————————— hombre ——————————
6. —————————— Valentín —————————— es el patrón de los enamorados.

7. _____ Tomás _____ fue uno de los grandes filósofos medievales.

8. ¡_____ pieza _____ estás tú hecho!

9. Las siete era _____ hora _____ para acudir a la cita porque en ese momento estaba ocupado con otras cosas.

10. El verano es _____ época _____ para hacer excursiones.

11. Las _____ compañías _____ le llevaron a la ruina.

12. _____ Domingo es la capital de la República Dominicana.

13. Habla _____ que aturde a todos los que le escuchan.

14. Era una mujer de _____ ideales _____ y de ambiciosos proyectos.

176. Sustituya con otra forma los superlativos en cursiva.

1. Era una película de suspense *malísima*.

2. La máquina dio un rendimiento *buenísimo*.

3. Aquellos oradores eran *muy elocuentes*.

4. *El mayor* error de Napoleón fue invadir Rusia.

5. El ideal de la economía es siempre conseguir el *más grande* beneficio con el *más pequeño* esfuerzo.

6. «La Maja Desnuda» de Goya es un cuadro *muy célebre*.

7. La fabada asturiana es un plato *muy fuerte*.

8. Su comportamiento en aquella situación fue *muy noble*.

9. España está llena de castillos *muy antiguos*.

10. La propaganda de todos los detergentes sostiene que éstos «lavan blanco, *muy blanco*».

11. La Ciudad de los Poetas era un barrio *muy nuevo* de Madrid.

12. Dijo dos o tres máximas *muy sabias* en el curso de su conferencia.

177. Elija entre estos adjetivos el que mejor le vaya al contexto. Algunas oraciones admiten más de una solución.

Mayor, menor, máximo, mínimo, superior, supremo, óptimo, ínfimo.

1. Ese asunto no me importa lo más _____ .

2. La máquina nos ha salido muy buena, ha dado un resultado _____ .

3. Conviene dar publicidad a esta reunión; debe venir el _____ número posible de personas.

4. No tengo el _____ deseo de asistir a esa cena.

5. Hay que apurar la vida hasta el _____ .

6. Este vino está _____ ; es de primerísima calidad.

7. En el piso _____ vive un pianista célebre.

8. Ese señor es de _____ extracción social y, sin embargo, ha logrado una posición _____ en la sociedad.

9. El Tribunal _____ es el _____ órgano de justicia en España.

10. La _____ oposición a esta reforma de la enseñanza partió de las clases _____ .

178. Exprese con el verbo adecuado las siguientes ideas.

1. Quitar la suciedad. →
2. Quitar la tapa de un recipiente. →
3. Limpiar el suelo con una escoba. →
4. Poner adornos. →
5. Decir mentiras. →
6. Irse a la cama. →
7. Quitarse la ropa. →
8. Limpiar con el cepillo. →

9. Pasarlo bien. →
10. Ponerse malo. →
11. Ponerse mejor. →
12. Ponerse peor. →
13. Dar valor a algo. →
14. Quitar valor a algo. →
15. Escribir a máquina. →
16. Dar golpes. →

179. Explique claramente la diferencia de significado entre las siguientes palabras.

1. Fruta ≠ fruto.
2. Tienda ≠ almacén ≠ comercio.
3. Barco ≠ barca ≠ bote.
4. Diploma ≠ certificado ≠ título.
5. Bolso ≠ bolsa ≠ bolsillo.

6. Lata ≠ bote.
7. Frasco ≠ botella.
8. Solicitud ≠ impreso.
9. Cascada ≠ catarata.
10. Copa ≠ vaso.

APUNTES DE CLASE

Unidad treinta y dos

180. Use cada uno de estos adjetivos en la posición y forma correctas que pida el contexto.

Bueno.

1. ¡En _____ lío _____ me has metido!
   ¡ _____ faena _____ me han hecho!

Triste.

2. Es un _____ empleado _____ ; no gana ni para zapatos.
   Me contó una _____ historia _____ que me hizo llorar.

Pobre.

3. ¡ _____ doña Juana _____ ! Aún se cree joven.
   Es un miserable con _____ parientes _____ .

Malo.

4. ¡ _____ negocio _____ me propones!
   Es una persona de _____ instintos _____ .

Maldito.

5. El _____ dinero _____ es causa de muchos pesares.
   Es una _____ casa _____ ; nadie quiere vivir en ella.

181. Coloque el adjetivo entre paréntesis en la posición adecuada. En algunos casos se necesita la conjunción *y/e*.

1. (antigua) Había allí una hermosa porcelana china.
2. (afectuoso) Me dio un abrazo de bienvenida.
3. (moderno) Instalaron un amplio laboratorio de química.
4. (inexpresivas) La carta está llena de palabras vagas.

5. (oscura) Trabajaba en una buhardilla destartalada.

6. (complicado) Estaba descifrando un jeroglífico egipcio.

7. (política) Asistió a una interesante reunión.

8. (aburrido) Estaba viendo un soso programa de televisión.

9. (llamativa) Llevaba una piel de pantera.

10. (estadísticos) Publicó documentados y brillantes estudios.

182. Repita las siguientes frases incluyendo los adjetivos entre paréntesis en la posición que considere más adecuada.

1. (azules, vaqueros) Llevaba unos pantalones.

2. (otoñal) Contemplábamos la triste y melancólica lluvia.

3. (clandestinos) Los temidos movimientos terroristas.

4. (mercante) El tonelaje de la flota española ha disminuido en los últimos años.

5. (difícil, complejo) El problema aritmético no tenía solución.

6. (rico) El vino de Ribera de Duero sube de precio de día en día.

7. (fuertes, eléctricas) Le aplicaron corrientes.

8. (clerical) Vestía un oscuro traje.

183. Repita las siguientes frases incluyendo los adjetivos entre paréntesis en la posición que considere más adecuada. En algunos casos se necesita la conjunción y/e.

1. (remoto, misterioso) Vivía en un castillo escocés.

2. (agudas, nevadas) A lo lejos se destacaban las cumbres de la sierra.

3. (ilustre, docto) El conferenciante resultó aburrido.

4. (sofisticado) Hablaba en un tono elegante.

5. (largas) En aquella biblioteca pasamos monótonas horas.

6. (distinguida) El señor Pérez estuvo también presente con su bella esposa.

7. (sórdidos, madrileños) Se le veía por los garitos.

8. (espléndidos, árabes) Le regalaron dos caballos.

9. (valiosos, impresionistas) Vendió sus cuadros.

10. (enérgica) La policía, con su actuación envolvente, disolvió la manifestación.

184. Coloque los adjetivos entre paréntesis en la posición que considere más apropiada.

Las (grandes) _____ ciudades _____, que crecen desmesurada y anárquicamente, están supeditadas a un (continuo) _____ desplazamiento _____

_____ de su (tradicional) _____ centro _____ . Así, el (geográfico) _____

_____ centro _____ de la Puerta del Sol se está desplazando, pero ¿se despla-

za con él todo su (social) _____ entorno _____ ?

    Del (tradicional) _____ centro _____ madrileño se fueron los ni-

ños, los (numerosos) _____ pájaros _____ , las (vistosas) _____

_____ macetas _____ de los balcones; permanecen las platerías, las (viejas) _____

_____ pensiones _____ , las (destartaladas) _____ tiendas _____

_____ de ornamentos y uniformes; han venido la (azul) _____ zona _____

____ , los (modernos) _____ supermercados _____ y los (americanos) __

_____ bares _____ , las (progres) _____ librerías _____

_____ y las (sofisticadas) _____ discotecas _____ .

185. Explique el sentido de los siguientes modismos y expresiones.

1. ¡A mí no me tomas el pelo!
2. Hace un tiempo de perros.
3. ¡Perdona, pero has metido la pata!
4. Lo sé de oídas.
5. Se me hizo la boca agua al ver el pastel.
6. Lo explicó con pelos y señales.
7. No entender ni jota.
8. Hacer el vacío a alguien.

186. Use las palabras de la columna de la derecha en las siguientes frases.

1. El pintor se hizo su _____ .
2. Fue a Bruselas haciendo _____ .
3. Aprendió por sí mismo todo lo que sabe; es un _____ .
4. El torero firmó muchos _____ a sus admiradores.
5. Ésta es una _____ de peaje.
6. Los viajeros se bajaron del _____ .
7. Hay un _____ en la esquina donde venden de todo.
8. Aprendió a conducir en una _____ .
9. El novelista se hizo una _____ objetiva.
10. Como nadie le elogia, él se hace su _____ particular.

| autógrafo |
| autostop |
| autocrítica |
| autopista |
| autodidacta |
| autocar (autobús) |
| autoescuela |
| autoservicio |
| autorretrato |
| autobombo |

187. Coloque la preposición *por* o *para*.

1. _____ tu culpa hemos llegado tarde al teatro.
2. Venimos _____ comunicarle que el experimento ha sido un éxito.
3. Estos días, _____ la mañana, hace mucho frío.
4. _____ lo que dice en la carta, debe estar divirtiéndose mucho.
5. _____ abril se anuncian grandes tormentas.
6. Hay que tener cuidado con el niño, se puede caer _____ la ventana.
7. Hemos estado paseando _____ la ciudad más de tres horas.
8. Venimos _____ vosotros, tenemos pensado hacer una excursión a Toledo.
9. _____ ese viaje no necesito maletas.
10. _____ decirte la verdad, estoy un poco cansado de todo esto.
11. Fue declarado culpable _____ el tribunal.
12. _____ lo general, suele llegar tarde.
13. La nueva guía telefónica de Barcelona está _____ salir.
14. Estoy _____ quedarme en casa; hace un frío enorme.
15. La fecha del referéndum ha sido anunciada _____ radio y televisión.
16. _____ ti, haría ese sacrificio y más; _____ tu amiguito, no.
17. Pudimos pasar _____ Bilbao camino de San Sebastián.
18. _____ ser sincero, no me gusta eso que has hecho.
19. ¡_____ Dios!, tenga cuidado con lo que hace.
20. Vamos a brindar _____ la feliz pareja.
21. Durante toda su vida lucharon _____ sus principios y convicciones.
22. He dado la cara _____ ti, y tú no me lo agradeces.
23. _____ ese dinero que tú has pagado, me compro yo dos faldas.
24. _____ 12.000 pesetas se puede ir a las Canarias.
25. _____ fin se ha comprado un traje nuevo; le hacía mucha falta.
26. Pedro Fernández, ¿quiere usted a Laura Rebollo _____ esposa?
27. Baja _____ una botella de vino a la tienda de la esquina.
28. _____ la edad que tiene, debía hablar ya.
29. Esta fiesta está como _____ dormirse.
30. _____ hoy ¡ya está bien!
31. _____ poco nos caemos del tejado ¡chaval!

188. Coloque la preposición *por* o *para* en los siguientes ejemplos.

1. ¿Y _____ decirme esto me has mandado llamar?
2. Ha llorado _____ ti toda la mañana.
3. Durante el verano hace jornada intensiva y no trabaja _____ la tarde.
4. _____ lo visto, aún no se ha ido.
5. _____ aquellos meses estuvo muy enfermo.
6. Se escapó _____ la escalera de servicio.
7. No andes _____ el césped; está prohibido.
8. En realidad, lo hice _____ ellos; a mí no me interesaba nada.
9. _____ triunfar hace falta fuerza de voluntad.
10. _____ lo que me cuentas, no estás muy segura de su cariño.
11. _____ terminar, unas palabras de felicitación a nuestro presidente.
12. Estuve _____ ir a verle y decirle cuatro verdades.
13. Tengo un dinero _____ cobrar.
14. Lo llamaron _____ el altavoz.
15. El consejero de administración votó _____ una subida de salarios.
16. Voy a estar atento _____ si acaso hablan de mí.
17. Hombre precavido vale _____ dos.
18. _____ inteligente, tu compañera.
19. _____ Galdós la España del siglo XIX era una paranoia colectiva.
20. _____ mí en este país hay un exceso de papeleo.
21. _____ mí, majo, puedes hacer lo que te venga en gana.
22. Hagan estos ejercicios _____ el miércoles que viene.
23. La preocupación por la naturaleza es _____ nosotras asunto primordial.
24. Presumen demasiado _____ lo poco que saben.
25. No le des más vueltas. Nos lo merecemos _____ gilís.
26. Seis _____ cinco son treinta.

189. Haga frases con las siguientes expresiones dejando claro su significado.

1. Hoy por hoy.
2. Por fin.
3. Por cierto.
4. Por último.
5. Por hoy.
6. Por suerte.
7. Por lo pronto.
8. Por siempre jamás.
9. Por poco.
12. Para colmo de males.
13. Por lo visto.
14. Por lo general.
15. Por lo menos.
16. Por ahora.
17. Por desgracia.
18. Por encima.
19. Cada dos por tres.
20. Por si (acaso).

10. Por mucho (más) que.

11. Por lo bajo.

21. Por poco que.

22. Por supuesto.

190. Rellene los puntos con un verbo adecuado.

1. Al _____ las doce, todo el mundo se tomó las clásicas uvas.
2. Conviene que te _____ otra vez el traje antes de pagarlo.
3. No sabes _____ el nudo de la corbata.
4. El pintor _____ sus cuadros en una sala céntrica de Barcelona.
5. La comedia de tu amiga se _____ mañana por la noche.
6. No te _____ prisa para comer; aún no han _____ la mesa.
7. Como mañana es fiesta, hoy he _____ la compra para dos días.

191. Explique el sentido de las siguientes expresiones estudiantiles.

1. La clase de geografía es un rollo.
2. Se llevó varias chuletas al examen.
3. Está haciendo la tesina.
4. Ha sacado las oposiciones a cátedra.
5. Vive en un colegio mayor.
6. ¿Has hecho ya la matrícula?
7. Estoy haciendo un curso de historia del español.
8. ¿Cuántas asignaturas te convalidan?

APUNTES DE CLASE

Unidad treinta y cuatro

192. Emplee la preposición *a* en los casos en que sea necesario.

1. Vimos _____ tus padres en una discoteca del centro.
2. El otro día conocí _____ un tío fenomenal en la playa.
3. El adjetivo acompaña _____ (el) sustantivo.
4. ¿Contestaste _____ las preguntas que te hicieron?
5. Aquí se venden _____ las cerezas a precio de costo.
6. Como no había sitio, envié _____ cinco pasajeros a primera clase.
7. Pero ¿todavía no has escrito _____ tu familia?
8. La semana pasada Jorge apenas probó _____ bocado.
9. Hay que contratar _____ gente trabajadora y no _____ vagos.
10. Ese médico ha curado _____ un montón de personas.

193. Rellene los puntos con la preposición *a* en los casos en que sea necesario.

1. Conozca usted _____ el Caribe.
2. ¡Encarga _____ los primos que te lo traigan de Francia!
3. Prefiero la comedia _____ la tragedia.
4. _____ mí no me importan esos chismes.
5. Tuve que ayudarle _____ desmontar la rueda.
6. ¿_____ qué sabe eso que están tomando?
7. _____ ustedes les han encomendado la vigilancia de este puesto.
8. Tenían _____ una chica de un pueblo de Toledo.
9. Busco _____ cocinero con experiencia.
10. No temo _____ la muerte, aunque sé que llegará algún día.
11. Necesitamos _____ mecánico electricista con urgencia.
12. _____ Eduardo le tira mucho la patria chica.
13. Contestó _____ la pregunta con otra pregunta.
14. Respondió _____ su interlocutor con frases groseras.
15. Era contrario _____ toda clase de medidas drásticas.

194. Complete las siguientes frases con las preposiciones *a* o *en*.

1. _____ invierno, _____ las seis de la tarde, ya es de noche.
2. Esa chica se comporta un poco _____ lo loco.
3. Llevamos cinco años _____ este país.
4. _____ decir verdad, esto de las vitaminas no me convence.
5. Estamos _____ la lección 25; mañana quisiera pasar _____ la 26.
6. _____ lo mejor aprobamos, ¿quién sabe?
7. Los guardias se colocaron _____ ambos lados de la calle.
8. _____ los negocios hay que andar con mucha cautela.
9. ¡Acércate _____ la estufa!, la habitación está muy fría.
10. Me lo vendía _____ 100 dólares, pero no los tenía en aquel momento.
11. _____ la entrada del cine había una vendedora de pipas.
12. Supongo que vendrán _____ avión; eso es lo que dijeron _____ su carta.
13. Está aprendiendo _____ tocar la guitarra.
14. No sé cuándo, ni _____ qué parte lo he visto.
15. El kilo de naranjas está _____ 300 pesetas _____ mi barrio.
16. ¿_____ qué piensas?
17. ¿Te gusta la merluza _____ la romana?
18. Entraron de uno _____ uno.
19. ¿_____ cómo está hoy el kilo de langosta?
20. Está _____ un plan insoportable.
21. _____ ver si te haces bien el nudo de la corbata.
22. No tiene trabajo fijo, anda _____ lo que salga.
23. Habló de la situación _____ el Oriente Medio; _____ renglón seguido puso unas diapositivas.
24. Está empeñado _____ llevarnos la contraria siempre que abrimos la boca.

195. Forme frases con las siguientes expresiones.

1. A mano.
2. A voces.
3. A diestra(o) y siniestra(o).
4. A lo lejos.
5. A más tardar.
6. A propósito.
7. A ver.
8. Al fin y al cabo.
9. En serio.
10. En broma.
11. En secreto.
12. En particular.
13. En absoluto.
14. En memoria de.
15. En realidad.
16. En resumen.
17. En otras palabras.
18. En plan de.
19. Hoy en día.
20. A ciencia cierta.

196. Haga frases que expresen el significado de estos modismos y expresiones con el verbo *llevar*.

1. Llevar la contraria a alguien.
2. Llevar la cuenta de algo.
3. Dejarse llevar por alguien.
4. Llevarse bien (mal) con alguien.
5. Llevar años a alguien.
6. Llevar ventaja a alguien.
7. Llevar la casa.
8. Llevar (tiempo) en o fuera de un lugar, ciudad, país, etc.
9. Llevar las de ganar o perder.

197. Rellene los puntos con una palabra adecuada.

1. Le regalé una _____ de caramelos.
2. Se comió una _____ de bombones él solito.
3. El novio le envió un _____ de flores.
4. ¡Camarero, déme un _____ de vino!
5. Se compró un _____ de zapatos.
6. ¿Nos tomamos una _____ de calamares?
7. Se fuma un _____ de tabaco rubio al día.
8. El ordenador necesita nueva _____.
9. Tiré los restos de la comida al _____ de la basura.
10. Si quieres ahorrar, compra un _____ de transporte.

APUNTES DE CLASE

198.
Coloque la preposición *de* o *desde* en las siguientes frases. Algunas admiten las dos.

1. _____ aquí se domina todo el valle.
2. Han llegado _____ Grecia hace sólo dos días.
3. Me lo envías _____ Barcelona por correo.
4. _____ esto se deduce que no sabe una palabra.
5. Ha vivido en Nueva York _____ que tenía seis años.
6. _____ mi casa a la tuya hay más de 5 kilómetros.
7. Lo conozco _____ toda la vida.
8. Las tiendas están cerradas _____ una y media a cuatro.
9. Los invitados empezaron a llegar _____ las ocho en adelante.
10. ¿Qué te ha ocurrido?, has cambiado mucho _____ la última vez que te vi.
11. La biblioteca está abierta _____ las siete de la mañana hasta las diez de la noche.
12. Seguimos frecuentando su casa _____ el día en que nos conocimos.
13. Viene _____ familia de médicos.
14. El (tren) AVE procedente _____ Andalucía hará su entrada a las 9.
15. Tiene un acento muy castizo; es _____ Madrid.
16. Procede _____ abuelos irlandeses.
17. Viene _____ (el) Japón haciendo escala en todos los puertos importantes.
18. _____ que estoy aquí no le he visto abrir la boca.
19. Estamos sentados en este banco _____ las cuatro.
20. ¿_____ cuándo le conoce usted?

199.
Forme frases con las siguientes locuciones adverbiales.

1. De un salto.
2. De balde.
3. De pronto.
4. De una vez.
5. De primera.
6. De un trago.
7. De golpe.
8. De perillas.
9. De cachondeo.
10. De relleno.
11. De ahora en adelante.
12. De antemano.
13. De raíz.
14. Desde ahora.
15. Desde siempre.
16. De toda la vida.

200. Coloque la preposición adecuada al contexto.

1. Este problema es *fácil* _____ solucionar.
2. Este tema es muy *difícil* _____ explicar.
3. Está *harto* _____ comer lo mismo todos los días.
4. Éramos *partidarios* _____ cortar por lo sano.
5. Este chisme también es *útil* _____ trinchar la carne.
6. Estamos *seguros* _____ verle mañana sin falta.
7. Estoy *decidido* _____ correr ese riesgo.
8. Están *dispuestos* _____ aceptar sus sugerencias.
9. Es un tipo bastante *duro* _____ pelar.
10. Ya estoy *listo* _____ salir.

201. Explique el sentido de los siguientes modismos y expresiones.

1. Echar en cara algo a alguien.
2. Traerse algo entre manos.
3. Ponerse hecho una fiera.
4. Ponerse morado (las botas).
5. Echar a cara o cruz.
6. Poner a alguien de patitas en la calle.
7. Pasarse de la raya.
8. Seguirle la corriente a alguien.

202. Haga frases que tengan sentido con estas palabras.

1. Fichero.
2. Papeleta.
3. Patada.
4. Pelotazo.
5. Trompazo.
6. Bofetada.
7. Balonazo.
8. Guantazo.
9. Punterazo.
10. Tomatazo.
11. Pedrada.
12. Trastazo.

Unidad treinta y seis

203.
Complete estas frases con las preposiciones *con, a, en, de* y *durante* según el contexto.

1. Sueño _____ mi novio todas las noches.
2. Llegó _____ la oficina muy tarde.
3. Insisto _____ lo que te he dicho antes.
4. Este aparato consta _____ tres piezas.
5. El secreto consiste _____ anticiparse a nuestros competidores.
6. Siempre está murmurando _____ todo el mundo.
7. Se aprovechó _____ las circunstancias para medrar, es un trepa.
8. El borracho se apoyó _____ un farol.
9. Se dio _____ la bebida.
10. Se enfadó _____ su cuñada.
11. Piensa _____ lo que te dije.
12. No me acordaba _____ su dirección.
13. Se separó _____ su socio.
14. Hay que enfrentarse _____ la situación cuanto antes.
15. Al entrar la señora se puso _____ pie.
16. Se sentó _____ el sillón.
17. Los incitó _____ la rebelión.
18. No dejes _____ llamarme.
19. Nos metimos _____ un lío.
20. Sacó dinero _____ (el) banco.
21. Estuvo nevando _____ todo el día.
22. Vivieron juntos más _____ cuatro años.

204.
Complete las siguientes frases con las preposiciones *antes de, ante* o *delante de*.

1. _____ tales argumentos no tuvo más remedio que rendirse.
2. _____ esa casa hay un quiosco de periódicos.
3. _____ hablar con ese señor, hable primero conmigo.
4. Le resulta un poco violento fumar _____ su padre.
5. _____ nosotros se extendía un panorama desolador.
6. _____ ir al teatro, conviene que reserves las entradas.

7. ¡No se cuele, por favor! ¡Estoy _____ usted!

8. Hay que hacer esto, _____ todo.

205. Complete las siguientes frases con las preposiciones *a, para, hacia, con, sin, contra*. Algunas admiten más de una solución.

1. Vente _____ casa a ver la televisión. Hoy hay partido.

2. Han salido _____ Valencia hace dos días. No sé si habrán llegado.

3. ¿Y _____ esto hemos pasado tantos sacrificios?

4. _____ mi mujer estoy perdido, no puedo prescindir de ella.

5. _____ todo pronóstico, ha perdido el Madrid _____ el Gijón.

6. _____ tanto discutir se nos está olvidando lo más importante.

7. Estoy _____ usted; no tiene que darme más explicaciones.

8. Me ha pisado el pie. — Perdón, ha sido _____ querer.

9. Se pasa el día despotricando _____ todo bicho viviente.

10. No se apoye usted _____ esa valla, puede caerse.

11. Tiene la manía de llevar la contraria _____ todo el mundo.

12. ¿Está usted en _____ o a favor del movimiento ecologista?

13. Llegaron _____ las dos de la tarde, cuando ya habíamos comido.

14. Córrase un poco _____ la izquierda.

15. Me vi metido en el lío _____ comerlo ni beberlo.

16. Se quedó _____ mi dirección y teléfono para llamarme algún día.

206. Forme frases con las siguientes locuciones adverbiales y preposicionales.

1. De cabo a rabo.
2. A fines de.
3. A principios de.
4. Como de costumbre.
5. La mar de.
6. De lo lindo.
7. Al fin y al cabo.
8. A continuación.
9. De repuesto.
10. En pleno día.
11. A la larga.
12. En la actualidad.
13. Con razón.
14. En el fondo.
15. Desde mi punto de vista.
16. De milagro.

207. Sustituya la forma del verbo *dejar* en cursiva por un sinónimo.

1. Me *dejó* 1.000 pesetas.
2. Le *dejé* mi casa por un mes.
3. ¡*Dejen* paso, por favor!
4. He *dejado* los estudios por dificultades económicas.

5. No me han *dejado* abrir la boca.

6. *Dejó* el coche en el aparcamiento.

7. *Dejamos* la ciudad muy de mañana.

8. ¡*Dejen* los cubiertos como estaban!

9. Se metieron por un camino vecinal, *dejando* la carretera a la derecha.

10. ¡Qué lata! Me he *dejado* el paraguas en la oficina.

208. Rellene los puntos con el verbo que expresa el grito característico de estos animales.

1. El perro _____

2. El gato _____

3. El lobo _____

4. El caballo _____

5. La vaca _____

6. El asno _____

7. La oveja _____

8. El pájaro _____

9. El león _____

10. La gallina _____

11. El cerdo _____

12. El gallo _____

APUNTES DE CLASE

Segundo ciclo

Unidad treinta y siete

209. Coloque una forma correcta del verbo *ser* o *estar* en las siguientes frases. Los adjetivos que van en cursiva pueden admitir uno u otro verbo, según los casos.

1. (Yo) _____ *molesto* porque no me has escrito desde hace un año.
2. Tu manera de proceder no _____ *decente*.
3. Hijo mío, _____ muy *orgullosa* de ti.
4. Me gusta viajar con Antonio porque _____ muy *seguro* al volante.
5. El clima del norte de España _____ *húmedo*.
6. Hay que reconocer que la situación _____ muy *violenta*.
7. _____ *quieto*; me pones nervioso.
8. _____ *innecesario* manifestarle a usted mis verdaderos sentimientos.
9. Cada día (yo) _____ más *dudoso* de mi elección.
10. _____ *cierto*, he metido la pata y lo lamento.
11. Esta fruta _____ *riquísima*. Pruébala.
12. Juana _____ *animada*; siempre está riéndose.
13. El salón _____ *lleno* de invitados.
14. Antonio puede _____ muy *molesto* cuando se lo propone.
15. (Tú) _____ poco *decente* para ir a la iglesia.
16. Mi abuela _____ *orgullosísima*; nunca admitía las razones de los demás.
17. ¿_____ (tú) *seguro* de lo que dices?
18. Vamos a coger ese taxi que _____ *libre*.
19. Esta camisa hay que secarla más; todavía _____ *húmeda*.
20. Su defecto principal _____ que es muy *violenta*.
21. _____ *dudoso* que quisieran colaborar en el proyecto.
22. Esa familia _____ *riquísima*. Tiene cantidad de dinero.
23. _____ un poco *violenta* porque no la hemos felicitado todavía.
24. A mi juicio, María _____ demasiado *callada*.
25. Acabo de ver la nota y (yo) _____ *suspensa*. ¡Qué mala pata!

210. Dé una forma correcta del verbo *ser* o *estar* en los siguientes ejemplos.

1. (Tú) _____ loco, ¡hombre!
2. No _____ cierto que les hayamos abandonado.

3. Ramiro _____ el que más vale de todos los hermanos.

4. El partido _____ de una emoción indescriptible.

5. La violenta reacción de los oyentes _____ totalmente inesperada.

6. (Yo) _____ seguro de que se lo dije. Pero no sé cuándo.

7. Estas revistas _____ pasadas de moda.

8. Este cuadro _____ hecho al aire libre, no _____ de estudio.

9. Deja al chico en paz; _____ entretenido con sus juguetes.

10. _____ admirable lo bien ilustrado que _____ este manuscrito.

11. Le _____ muy reconocido por los muchos favores que he recibido de usted.

12. _____ un pueblo sombrío y triste. Daba pena vivir allí.

13. Usted _____ libre de hacer lo que quiera, _____ en su derecho.

14. Loli _____ preocupada con la enfermedad de su madre.

15. (Él) _____ demasiado tonto para _____ perplejo.

16. Ese televisor _____ anticuado. Los de hoy _____ mucho mejores.

17. Ya sé que (ellos) _____ enamorados. Sólo hay que mirarlos.

18. José María _____ como un tren.

19. Eso, amiga mía, _____ palabras mayores.

211. Coloque una forma correcta de los verbos *ser* o *estar* en las siguientes frases.

1. ¡Chica, (tú) _____ de un guapo que asusta!

2. No _____ recomendable tomar esas medidas.

3. _____ visto que los precios siguen subiendo.

4. Mi amigo y yo _____ de mal humor estos días.

5. Hoy _____ domingo; las tiendas _____ cerradas.

6. Últimamente _____ de uñas. No sé qué les ha pasado.

7. (Nosotros) _____ siete para la cena, contando a Mara.

8. Bueno, ¡ya _____ bien de trabajo!

9. Por ahí _____ por donde debieran comenzar, ¡señores!

10. ¿_____ (tú) en lo que digo?

11. _____ en Buenos Aires donde se celebra el Congreso.

12. ¿_____ (usted) con nosotros o en contra?

13. Esta falda me _____ muy grande.

14. ¡No _____ (tú) en lo que haces!; ¡pon atención!

15. ¡Para bromas _____ yo hoy!

16. (Él) se _____ quedando como un fideo de tanto ejercicio.

17. Tu niña _____ hecha una mujercita.

18. (Yo) no _____ de acuerdo con usted. ¿Vale?

19. Nunca me cayó bien: _____ un pelota y un cara.

20. ¡No _____ quejica! ¡No _____ para tanto!

21. Bañarse cuando hace calor _____ una gozada.

22. La juventud actual _____ muy pasota.

23. Pero ¡chica! ¿Cómo sales con ése? ¡Si _____ un carroza!

24. ¿Será verdad que Trini _____ embarazada? — ¡Qué va! _____ un bulo.

212. ¿Cuáles de estos platos, postres y vinos españoles ha probado usted? Descríbalos.

fabada asturiana

cocido madrileño

flan

merluza a la vasca

caldereta extremeña

morcilla de arroz

queso manchego

vino de Rioja

pulpo a la gallega

cordero asado

sopa castellana

paella valenciana

arroz con leche

butifarra catalana

caldo gallego

queso Cabrales

gazpacho andaluz

chorizo de Pamplona

cava catalán

cochinillo de Segovia

fino andaluz

leche frita

APUNTES DE CLASE

Unidad treinta y ocho

213. Ponga una forma correcta de los verbos *ser* o *estar* en las siguientes frases.

1. (Él) _____ avergonzado y por eso no dio la cara.
2. _____ sabido que ya no hay héroes ni santos, dijo un cínico.
3. A las seis de la mañana, ya (yo) _____ levantado todos los días.
4. (Él) _____ admirado hasta por sus enemigos.
5. (Ella) _____ destrozada moralmente porque todo le salía mal.
6. Aquella familia _____ muy querida en toda la comarca.
7. Ya _____ encendidas todas las luces de la casa otra vez.
8. El partido entre el Bilbao y el Sevilla _____ muy disputado.
9. En esta sala del hospital _____ recluidos los pacientes graves.
10. La carrera ciclista _____ suspendida por la lluvia y el mal tiempo.

214. Utilice los verbos *ser* o *estar* en las siguientes comparaciones, según lo exija el contexto.

1. Acabo de ducharme y _____ más fresca que una lechuga.
2. Como han dejado de enviarle dinero, (él) _____ más pobre que una rata.
3. Eso _____ más viejo que andar a pie.
4. Tu suegro _____ más loco que una cabra.
5. ¿Te acuerdas de Julio? Sí, _____ más astuto que un zorro.
6. Él _____ más contento que un niño con zapatos nuevos.
7. Ese niño _____ más vivo que una ardilla.
8. Ha llegado su novio y (ella) _____ más alegre que unas castañuelas.
9. Esto _____ más claro que el agua.
10. Él _____ más feo que Picio.
11. _____ más lento que una tortuga, ¡muévete!
12. Maruja _____ más terca que una mula.
13. Eso _____ más cursi que un elefante rosa.
14. No te oye, _____ más sordo que una tapia.
15. Luisito _____ más fuerte que un roble.
16. Tu prima _____ más lista que el hambre.

17. Ese serial _____ más largo que un día sin pan.

18. ¡Nacho! ¿Qué te pasa? ¡_____ más despistado que un pulpo en un garaje!

19. ¡Pobrecito! _____ más solo que la una.

20. Esto _____ más dulce que la miel.

215. Ponga una forma correcta del verbo *estar, ser* o *haber* en las siguientes frases.

1. _____ unas sesenta personas en la fiesta ayer; _____ un éxito.

2. _____ un nuevo tipo de dentífrico en el mercado. Tiene un nombre raro.

3. _____ un tablero de ajedrez encima de la cama. ¿Quién _____ jugando?

4. Los jugadores suplentes _____ en la banda del campo durante el partido.

5. Ahí _____ un señor que pregunta por ti. Dice que _____ socio tuyo.

6. Ahí _____ los decoradores que llamamos ayer. ¿Los mando pasar?

7. Contando al conductor, _____ 22 en el autocar. Un número perfecto.

8. En este texto _____ un término que no entiendo. ¿Me lo explicas?

9. En aquella pelea _____ varios lesionados y algunos heridos.

10. Él _____ el que tiene la culpa, usted no.

216. Explique el sentido de las siguientes frases con *ir*.

1. ¡Vayan terminando sus ejercicios!

2. ¡Vaya usted a saber lo que pasará en las próximas elecciones!

3. Las cosas no siempre salen bien. ¡Qué le vamos a hacer!

4. ¿Qué tal le va, amigo?

5. ¿Se solucionó su caso? — ¡Qué va!

6. ¡Vamos!, que hay prisa.

7. ¡Camarero! — ¡Va!

8. ¡Vete a Paseo! (a freír espárragos).

217. Dé un equivalente a las siguientes palabras de uso popular en medios de difusión y habla corriente.

bocata	destape
progre (ser)	pasota (ser)
gozada (ser una)	triunfador
movida	vacilar

telenovela

anorak

plusmarca

ganador (ser)

ligar

water

currar

cutre (ser)

puntualización (hacer una)

autostop

machista

carroza (ser)

sobredosis

perdedor

APUNTES DE CLASE

Unidad treinta y nueve

218. Sustituya los imperativos por fórmulas de ruego o mandato equivalentes.

MODELO: Tráigame la correspondencia. ⟶ ¿Me trae la correspondencia, por favor?

1. *Ande* más aprisa.
2. ¡Camarero, *déme* una Coca-Cola!
3. ¡*Llámame* a las seis en punto!
4. ¡*Escuche* con atención lo que voy a decirle!
5. ¡*Abróchate* el cinturón, vamos a aterrizar!
6. *Pongan* más cuidado, ¡señores!
7. ¡*Colóquense* a la derecha!
8. ¡*Díganme* ustedes la verdad ahora mismo!
9. ¡*Ponte* al teléfono, Margarita!
10. *Límpiate* esa cara; la tienes sucísima.
11. *Piensen* en lo que les he dicho, y me dan la contestación mañana.
12. *Entregad* los billetes al interventor para que los pique.

219. Sustituya las fórmulas de ruego o mandato por los imperativos equivalentes.

1. ¡A la calle!
2. ¡A la porra!
3. ¿Quiere usted pasarme la sal, por favor?
4. ¡Andando, que se hace tarde!
5. ¡Venga, a trabajar!
6. ¡Vamos!, hay que darse prisa.
7. ¿Me sirve usted un vaso de leche muy fría, por favor?
8. Me avisa usted cuando sea la hora.
9. ¡La cuenta, por favor!
10. ¡Usted se calla! Este asunto no le incumbe.
11. ¡Tú irás a casa de la abuela!
12. Vuestro hermano se quedará en casa.
13. ¿Tendría usted la bondad de decirme la hora que es?

14. ¡Niño, ya te estás lavando!
15. ¡Soldados, al ataque!
16. Ahora mismo te pasas por su casa y le das este recado de mi parte.

220. Conteste a las siguientes preguntas.

1. ¿*Desde cuándo* salían juntos? ➡
2. ¿*Hasta cuándo* van a abusar de nuestra paciencia? ➡
3. ¿*Cada cuándo* llamaban por teléfono? ➡
4. ¿*De cuántos* continentes consta la tierra? ➡
5. ¿*Como cuánto* gastaban al mes? ➡
6. ¿*De cuántas maneras* se prepara el arroz? ➡
7. ¿*Desde cuándo* os conocíais? ➡
8. ¿*Hasta cuándo* va a durar ese rollo? ➡
9. ¿*Cada cuánto* haces ejercicio? ➡
10. ¿*Hasta dónde* llegaron caminando? ➡
11. ¿*De qué* hablabais con tanto misterio? ➡
12. ¿*Para cuándo* los esperas? ➡
13. ¿*A cómo (cuánto)* lo vende usted? ➡
14. ¿*De qué forma* viste? ➡

221. Haga preguntas que correspondan a las siguientes respuestas utilizando las partículas interrogativas adecuadas.

MODELO: Vamos a quedarnos aquí hasta el martes. ➡ ¿*Hasta cuándo* vais a quedaros aquí?

1. Me quedé allí todo el verano. ➡
2. Salían juntos desde hacía dos meses. ➡
3. Gastamos como cien mil pesetas al mes. ➡
4. Llegaron nadando hasta la otra orilla. ➡
5. Lo aguantaremos hasta que se nos acabe la paciencia. ➡
6. Hablaban de cosas muy interesantes. ➡
7. Íbamos a visitarles cada dos años. ➡
8. No fumamos desde hace diez años. ➡
9. Tiene ese coche desde que le conozco. ➡
10. Estarán de vuelta para junio del año que viene. ➡
11. El pescado se prepara de muchas maneras. ➡
12. Los acompañaron hasta la Facultad. ➡

222. Diga los verbos correspondientes a los siguientes sustantivos.

1. Humo.
2. Atajo.
3. Calor.
4. Papel.
5. Sonido.
6. Sistema.
7. Sueño.
8. Corrección.
9. Teléfono.
10. Raya.

11. Fruto.
12. Informe.
13. Cuadro.
14. Rueda.
15. Cristal.
16. Realidad.
17. Edificio.
18. Resumen.
19. Acento.
20. Línea.

223. Explique el sentido de las siguientes expresiones de origen religioso.

1. La verdad es la verdad, a mí nadie me hace comulgar con ruedas de molino.
2. No es momento de echar las campanas al vuelo.
3. Ayer Paco armó un cirio que no veas...
4. ¡A Dios rogando y con el mazo dando!
5. ¡Que Dios nos coja confesados!
6. Se apunta a todo. Le pone una vela a Dios y otra al diablo.
7. Iba vestido como Dios manda.
8. Para conseguir el empleo tuvo que remover Roma con Santiago.
9. ¿A santo de qué sales ahora con ésas?
10. A mi juicio, peca un poco de ingenua.

APUNTES DE CLASE

Unidad cuarenta

224. Cambie las siguientes oraciones al estilo indirecto utilizando el tiempo pasado que mejor vaya al contexto.

MODELO: María Luisa sabe cuatro idiomas. ➔ Dijo que María Luisa sabía cuatro idiomas.

1. ¿Dónde es la exposición de sellos?
   Preguntó que _____

2. Es un poco tarde.
   Reconoció que _____

3. Sales todas las noches a jugar al bingo.
   Sabía que _____

4. Fuma demasiado.
   Comentó que _____

5. Hay que hacer las cosas bien.
   Dijo que _____

6. Este reloj funciona con pilas.
   Explicó que _____

7. Hoy me quedo en casa.
   Decidí que _____

8. Tú trabajas en un hipermercado.
   Creyeron que _____

9. El verano va a ser muy seco.
   Oyó que _____

225. Cambie las siguientes oraciones al pasado utilizando la forma del indefinido o imperfecto que mejor se adapte al contexto.

1. Ahora tienes mucha prisa.
   Antes _____ .

2. En este momento viven en Alemania.
   En aquel momento _____ .

3. Hoy está lloviendo mucho.
   Ayer _____ .

4. Esta noche comemos en Segovia.

   Aquella noche _____ .

5. La semana entrante me voy de vacaciones.

   La semana pasada _____ .

6. El año que viene le subirán el sueldo.

   El año pasado _____ .

7. A las ocho de la mañana, desayuno.

   A las ocho de la mañana, _____ todos los días.

8. Este año ando viajando por América.

   El año pasado _____ .

9. Hoy están en Praga.

   Hace tres años _____ en Praga.

10. Acabo de tropezarme con Raquel.

    _____ .

11. Llevan arreglando el jardín más de seis horas.

    _____ .

12. Hasta ahora tengo revisadas cinco facturas.

    Hasta entonces _____ .

226. Utilice la forma correcta del indefinido o imperfecto del verbo *ser* que pida el contexto.

1. La casa en la que vivía _____ del siglo XVIII.

2. Los primeros pobladores de España, en época histórica, _____ los iberos y los celtas.

3. Lo bueno de aquella pareja es que siempre _____ los mismos, no cambiaban nunca.

4. _____ a las doce de la noche cuando se presentó en casa.

5. _____ las cinco de la mañana cuando llegamos al aeropuerto de Orly.

6. Se asustaron porque _____ muy miedosos.

7. Había cambiado tanto que yo ni siquiera sabía si _____ él.

227. Ponga los verbos entre paréntesis en la forma correcta del imperfecto o del indefinido, según exija el contexto.

Mi abuela (*tener*) _____ el pelo blanco, que, a veces, le (*caer*) _____ sobre la frente y le (*dar*) _____ cierto aspecto de mujer rebelde a pesar de su edad. (*Llevar*) _____ casi siempre, cuando (*estar*) _____ en casa, una bata negra y unas zapatillas largas y puntiagudas, regalo, creo, de un hermano suyo que había tomado parte en la guerra de África.

(*Soler*) _____ arrastrar los pies por el pasillo de una forma que, a mí, por no sé qué extraña asociación de ideas, me (*recordar*) _____ el flujo y reflujo de la mar en una tarde apacible de principios de otoño.

Nunca (*tener*) _____ la pobre mujer grandes alegrías en la vida; (*dar*) _____ a luz catorce hijos, (*sufrir*) _____ hambre y penalidades y, cuando los hijos (*hacerse*) _____ mozos y (*casarse*) _____ y hubiera podido descansar un poco, se le (*morir*) _____ el marido, también en una tarde apacible de otoño cuando las olas, mansamente, (*arrastrarse*) _____ hacia la playa.

Jamás (*perder*) _____ , a pesar de todo, la vitalidad y el optimismo que la (*caracterizar*) _____ , y aún hoy la veo callada y animosa como lo que (*ser*) _____ una vieja roca gastada, pero todavía resistente, ante el mar que la (*ver*) _____ nacer, y que la vería morir.

228. Explique en qué contexto se emplean las siguientes exclamaciones e interjecciones.

¡Andá!	¡Olé!
¡Venga, venga!	¡Anda ya!
¡Puñetas!	¡Toma!
¡Chica!	¡Tío!
¡Ojo!	¡Uf!
¡Diablos!	¡Burro!
¡Caramba!	¡Hija!
¡So animal!	¡Qué suerte!
¡Qué burrada!	¡Qué rollo!
¡Basta!	¡Largo!

APUNTES DE CLASE

Unidad cuarenta y uno

229. Ponga el verbo en cursiva en el tiempo del pasado que mejor vaya al contexto. (Algunos casos admiten dos posibilidades.)

1. Les agradecí el detalle porque (ellas) *ser* _____ muy atentas.
2. El periodista se enfadó porque le *dar* _____ una noticia falsa.
3. Me contó que la película *ser* _____ tan chabacana que se marcharon a la mitad.
4. Nos explicaron que el cuadro lo *pintar* _____ un niño de seis años.
5. Se decidieron a comprar el vídeo porque *ganar* _____ una apuesta en las carreras.
6. Sabemos que no *tener* _____ mucha suerte en sus respectivos matrimonios.
7. Cuando llegó, ya (nosotros) *comer* _____ .
8. Al dar las notas me di cuenta de que (yo) *cometer* _____ algunas injusticias.
9. Cuando los conocimos, ya (ellos) *estar* _____ en España.
10. Fui a comprar la chaqueta que me gustaba, pero ya (ellos) la *vender* _____ .
11. En el momento de presentármelo, me di cuenta de que (yo) lo *ver* _____ antes.
12. Al verla llorar, pensé que (ella) *discutir* _____ con su madre.
13. Cuando embarcamos para Cuba, ya *estallar* _____ la guerra.
14. Al empezar nosotros el primer plato, ya (ellos) *llegar* _____ a los postres.

230. Sustituya el tiempo verbal en cursiva por otro equivalente cuando sea posible.

1. Pensé que le *avisarían* al momento.
2. Por suerte descubrimos que nuestro vecino se *mudaba* de casa.
3. Mi cuñada pensaba que Pilar *llegaría* tarde a la cita.
4. El abogado defensor creía que el juez *declaraba* al reo culpable.
5. Suponíamos que *terminarían* el trabajo a tiempo.
6. Adelantaron que *se casarían* por lo civil.
7. Nos dijeron que *revisaban* las cuentas al día siguiente.
8. Se decía que la Comunidad Europea *admitiría* a los países del Este en breve plazo.
9. Todas sospechábamos que Lola *se iba a meter* a monja.
10. Según la prensa, el petrolero averiado *iba a producir* una marea negra.

231. Tache las formas verbales entre paréntesis que considere incorrectas.

Todas las tardes se *(reunían - reunieron - habían reunido)* en el casino del pueblo el cura, el juez, el boticario y el administrador de Correos. *(Jugaban - jugaron - habían jugado)* una partida de dominó, lo cual era costumbre en ellos desde *(hacía - hizo - había hecho)* muchos años. La tarde a la que nos referimos, el cura *(llegaba - llegó - había llegado)* visiblemente alterado; todos los contertulios le *(habían preguntado - preguntaban - preguntaron)* qué pasaba. Y con voz y semblante graves, el párroco *(contaba - contó - había contado)* que en la iglesia *(robaron-robaban-habían robado)* una virgen románica del siglo XII. *(Decía - dijo - había dicho)* que ya *(había comunicado - comunicó - comunicaba)* el robo a la guardia civil, que *(prometió - prometía - había prometido)* tomar medidas pertinentes para apresar a los autores del hecho, ya que la talla *(fue - había sido - era)* muy valiosa y de gran veneración en toda la comarca.

232. Explique el sentido de las siguientes expresiones con el verbo *meter*.

1. ¡No hay que dejarle meter baza!
2. ¡Métase usted esto en la cabeza: la vida ha cambiado mucho!
3. Siempre está metiendo la pata.
4. Tenemos mucho tiempo. ¡No me metas prisa!
5. ¡No le metas miedo al niño, que no conduce a nada!
6. El padre tiene metida en un puño a toda la familia.
7. Hay que meterlo en cintura por su propio bien.

233. Diga cuáles son los adjetivos correspondientes a los siguientes sustantivos.

1. Otoño.
2. Norte.
3. Tierra.
4. Demonio.
5. Invierno.
6. Policía.
7. Valor.
8. Sátira.
9. Burla.
10. Simpatía.
11. Garantía.
12. Finura.
13. Elocuencia.
14. Persona.
15. Teoría.
16. Eficacia.

Unidad cuarenta y dos

234. Transforme las siguientes oraciones yuxtapuestas y coordinadas en subordinadas sustantivas, adverbiales y de relativo, según el contexto.

MODELO: Tú me ayudas y yo lo agradezco. ➡ Agradezco *que me ayudes.*

1. El niño canta y a la mamá le ilusiona. ➡
2. Ellos se enfadaron y yo lo comprendí. ➡
3. A ella la echaron del empleo y sus compañeros se quejaron. ➡
4. Debes comprenderlo: nadie es infalible. ➡
5. Se dieron cuenta en seguida: aquellas personas eran poco fiables. ➡
6. Yo lo veo: esa chica está chiflada. ➡
7. Ella es un genio; pero su familia no lo cree. ➡
8. Lo querían con todo el alma; pero (él) ni lo sospechaba. ➡
9. Nadie la felicitó y a ella le pareció bien. ➡
10. Juana llega a casa y en seguida se acuesta. ➡
11. Hicimos el examen, después nos dieron las notas. ➡
12. Antes el técnico arregló el televisor, (tú) no hiciste nada. ➡
13. Yo como y leo el periódico. ➡
14. Chus practica el alemán y aprende. ➡
15. Comemos mucho y engordamos. ➡
16. Nosotras ganamos dinero y ellos lo gastan. ➡
17. Escriben un libro, el libro trata de política. ➡
18. Alquilamos un piso, el piso era baratísimo. ➡
19. Pasaron las Navidades esquiando, esquiar es un deporte magnífico. ➡
20. Tú lo dices y ellos lo entenderán. ➡

235. Dé el tiempo adecuado de indicativo o subjuntivo que exija el contexto e identifique la oración y dé criterio de uso.

1. Dudo que *valer* _____ la pena molestarse por eso.
2. Le molestó que nos *reír* _____ .
3. Tengo mucha ilusión de que tú *oír* _____ esta canción.
4. ¡Ah, si yo *tener* _____ esa suerte!

5. No me importa en absoluto que él *haber* _____ ganado varios premios.

6. Te he regalado el collar para que lo *lucir* _____ .

7. Si (tú) *comprar* _____ algo de comer lo pasaríamos en grande.

8. Lo que te deseo es que no *envejecer* _____ nunca.

9. Que (nosotros) no *saber* _____ dónde está, carece de importancia.

10. Lo que (yo) quiero es que (tú) *cocer* _____ más los garbanzos.

11. ¡No *deshacer* _____ usted la maleta todavía!

12. Devolvió el vaso para que (ellos) lo *fregar* _____ otra vez.

13. Me ilusiona que (tú) *producir* _____ buen efecto.

14. Me metería más de lleno en ese negocio si *producir* _____ más ganancias.

15. Le indicamos al camarero que *traer* _____ una botella de vino y otra de agua.

16. Me maravilla que a usted no *caberle* _____ esa falda. No está tan gruesa.

17. Le sacudí, no fuera que él *dormirse* _____ de nuevo.

18. La profesora lo explicó de modo que (nosotras) *entenderlo* _____ .

19. No crea usted que todo el monte *ser* _____ orégano.

236. Transforme las siguientes oraciones cambiando el orden sintáctico cuando sea necesario.

MODELO: Recibimos tu carta después *de que vinieras* a vernos. ➤ Recibimos tu carta después *de venir* a vernos.

1. Creo *que sé* la verdad. ➤

2. Me parece *que le veo* allá a lo lejos. ➤

3. Recordaba *que había estado* muy enamorada de él. ➤

4. Susana aseguró *que era* feliz. ➤

5. ¿Me permite usted *que utilice* su teléfono? ➤

6. Después de *que cogiera* el avión, vimos aquí su maleta. ➤

7. Siempre nos dejaba *que hiciéramos* lo que queríamos. ➤

8. En caso de *que* el pescado *no esté* fresco, compra carne. ➤

9. La avería del coche les impidió *que llegaran* a tiempo. ➤

10. Con tal de *que* la calidad *sea* buena, no te importe el precio. ➤

11. Le ordenaron al portero *que limpiara* el portal mejor. ➤

12. Les alquilo la casa, a condición de *que paguen* por adelantado. ➤

13. Hizo *que subieran* los baúles hasta el tercer piso. ➤

14. En las calles céntricas, el Ayuntamiento prohíbe *que aparquen* los coches en batería. ➤

237. Haga una frase que tenga sentido con cada una de estas palabras de gran difusión.

informatizar   chequear

forofo (ser)   charter

consumismo

sexismo

tecnocracia

multinacional

correo electrónico

despiste

acoso sexual

subdesarrollo

destape

pasta (tener)

APUNTES DE CLASE

Unidad cuarenta y tres

238. Haga frases, que tengan sentido, con las siguientes locuciones conjuntivas.

1. Mientras (condicional) _____
2. Mientras (temporal) _____
3. A medida que _____
4. De ahí que _____
5. Siempre que (condicional) _____
6. Así que (consecutivo) _____
7. Por + adjetivo + que _____
8. De modo que (final) _____
9. Así (concesivo) _____
10. Como (condicional) _____
11. De modo que (consecutivo) _____
12. Siempre que (temporal) _____
13. Como (causal) _____
14. Menos que _____
15. Total que _____
16. A no ser que _____
17. Si no _____
18. No sea que _____

239. Identifique, en el texto que sigue, las oraciones subordinadas y dé razón de uso.

—¡Señor Yáñez, por aquel agujero de allí abajo veo brillar una luz!

—Ya la he visto, Sambigliong.

—¿Será algún velero que esté anclado en la rada?

—No; más bien creo que se trata de una fragata. Probablemente, la que ha conducido hasta aquí a Tremal-Naik y a Damna.

—¿Acaso vigilarán la entrada de la rada?

—Es muy posible, amigo mío —respondió tranquilamente el portugués, tirando el cigarrillo que estaba fumando.

—¿Podremos pasar sin ser vistos?

—¿Crees que van a temer un ataque por nuestra parte? Redjang está demasiado lejos de Labuán, y lo más probable es que en Sarawak no sepan todavía que nos hemos reunido. A no ser que ya tengan noticia de nuestra declaración de guerra. Además, ¿no vamos vestidos como los cipayos del Indostán? ¿Y no van vestidas ahora lo mismo que nosotros las tropas del Rajá?

—Sin embargo, señor Yáñez, preferiría que ese navío no estuviera aquí.

—Querido Sambigliong, no dudes que a bordo estarán todos durmiendo. Les sorprenderemos.

—¡Cómo! ¿Vamos a asaltar a esos marineros? —preguntó Sambigliong.

—¡Naturalmente! No quiero que queden a nuestras espaldas enemigos que luego podrían molestarnos en nuestra retirada.

Emilio Salgari, *Los tigres de Mompracén.*

240. Explique la diferencia de significado entre las siguientes oraciones.

1. No veo por qué *apagas* la luz.
   No veo, porque *apaga*s la luz.
2. No comprendo qué *ha dicho*.
   No comprendo que *haya dicho* eso.
3. Que pregunten quiénes lo *han dicho*.
   Que pregunten quienes lo *hayan dicho*.
4. Todos saben qué *estudio*.
   Todos saben que *estudio* mucho.
5. No nos importaba que *no pensaran* como nosotros.
   No nos importaba si *pensaban* como nosotros o no.
6. Me preocupa de qué *hablan*.
   Me preocupa que *hablen*.
7. No nos imaginamos qué *hizo*.
   No nos imaginamos que lo *hiciera*.

241. Diga cuál es el nombre colectivo que corresponde a los siguientes conceptos.

1. Conjunto de perros de caza. →
2. Conjunto de pájaros en vuelo. →
3. Conjunto de abejas. →
4. Conjunto de islas. →
5. Conjunto de músicos. →
6. Los 11 hombres que integran una formación de fútbol. →
7. Conjunto de ovejas. →
8. Conjunto de animales salvajes. →

9. Conjunto de barcos. ➡

10. Conjunto de voces que cantan. ➡

11. Conjunto de viñas. ➡

12. Conjunto de personas dedicadas al culto religioso. ➡

13. Conjunto de cerdos. ➡

14. Conjunto de los soldados de una nación. ➡

15. Conjunto de individuos que integran una nación. ➡

16. Conjunto de pinos. ➡

17. Grupo organizado de ladrones. ➡

APUNTES DE CLASE

Unidad cuarenta y cuatro

242.
Ponga el verbo entre paréntesis en la forma correcta de subjuntivo o de indicativo que exija el contexto.

1. Lo hago porque *gustarme* _____ , no porque me obliguen.
2. No lo hago porque *gustarme* _____ , sino porque me obligan.
3. Están tan contentos que (ellos) *dar* _____ saltos de alegría.
4. No está tan preparado que (él) *poder* _____ sacar esa plaza.
5. No es tan atractivo que todas las mujeres *estar* _____ locas por él.
6. Pedro no comió porque *llegar* _____ tarde.
7. Pedro no comió porque *llegar* _____ tarde, sino porque no tenía hambre.
8. No lo digo por cumplir, sino porque (yo) *sentirlo* _____
9. ¡No le busques las cosquillas, que te (él) *pegar* _____ !
10. ¡Corre, corre, que se te *escapar* _____ el autobús!
11. ¡Cuidado, que no se te *calar* _____ el coche!
12. ¡Acelera más, que se te *calar* _____ el coche!
13. ¡Abre el paraguas, que *llover* _____ !
14. ¡Te digo que no (yo) *volver* _____ a su casa aunque me lo pida de rodillas!
15. Vigila que (ellos) no *robar* _____ las maletas.
16. ¡Sujétale, que no *caer* _____ !
17. Bébelo que *estar* _____ bueno.
18. Menos mal que (a ellos) no les *pasar* _____ nada.
19. Gracias a Dios que *ser* _____ una falsa alarma.
20. Sintió tal pena que *echarse* _____ a llorar.

243.
Complete las frases siguientes, según el modelo.

MODELO: No deje pasar a nadie, *venga* quien *venga.*

1. Tendrá que hacerlo, *querer* _____ o no _____ .
2. *Ser* _____ cuando _____ , acabará por darnos la razón.
3. Tú siempre estarás guapa, *vestirse* _____ como _____ .
4. Tiene tanto sentido comercial que, (él) *hacer* _____ lo que _____ , todo le produce dinero.

5. (Él) *ir* _____ donde _____ , no escaparía de la justicia.

6. Le aconsejé que no contestara a ninguna llamada, *ser* _____ quien _____ _____ .

7. Estoy decidido a tomarme unas vacaciones, *pasar* _____ lo que _____ .

8. Lo (usted) *creer* _____ o no lo _____ , la verdad es que sucedió así.

9. No le importe tirar la ceniza, *caer* _____ donde _____ .

10. Hubo toreros que *torear* _____ como _____ , siempre entusiasmaban al público.

11. Voy a tirar de la manta, *caer* _____ quien _____ .

12. Nos ordenaron que nos calláramos la boca. *Ver* _____ lo que _____ .

244. Explique la diferencia de significado entre las siguientes oraciones.

1. Le enfadó que (ella) *dijera* eso.
   Se enfadó porque (ella) *dijo* eso.
   Se enfadó tanto que *dijo* eso.

2. Esperaba a que *llegaran*.
   Esperaba que *llegaran*.

3. Nos agradaba lo que *habían hecho*.
   Nos agradaba que lo *hubieran hecho*.

4. Insinuaron que *trabajaramos* más.
   Insinuaron que *trabajábamos* poco.

5. Siento que Ana *está* aquí.
   Siento que Ana *esté* aquí.

245. Diga el nombre de los que ejercen las siguientes actividades.

1. Medicina.
2. Farmacia.
3. Ciencias.
4. Notaría.
5. Filología.
6. Historia.
7. Investigación.
8. Arquitectura.
9. Pintura.
10. Economía.
11. Magisterio.
12. Enseñanza.
13. Ingeniería.
14. Matemáticas.
15. Física.
16. Lingüística.
17. Literatura.
18. Psiquiatría.
19. Escultura.
20. Poesía.
21. Política.
22. Química.

246. Sustituya la estructura en cursiva por otra de igual sentido con la partícula *si*.

1. *De haberlo sabido* (yo) _____ habría/hubiera acudido antes.
2. *Con que saques* _____ las entradas pasado mañana, será/es suficiente.
3. *Cuando prometa* usted _____ algo, cúmplalo.
4. *Trabajando* _____ mejor el personal actual, no se necesitaría/necesitaba más empleados.
5. *Cuando te decidas* (tú) _____ , estaré/estoy a tu disposición.
6. *De haber favorecido* _____ el tiempo, los árboles estarían/estaban más altos.
7. *Con una tarta que les regales* _____ , cumples.
8. *Hipotecando* (tú) _____ la finca, no saldrías/sales del apuro.
9. *Yo, en su* (de usted) _____ lugar, no me esforzaría/esforzaba tanto.
10. *Yo, en su caso* (de ellos) _____ , compraría/compraba más terreno.
11. *Como no respete* (él) _____ el contrato, lo llevaremos/llevamos a los tribunales.
12. *De no haber* _____ intervenido el tonto de su hermano, seguiríamos/seguíamos tan amigos.
13. *Como pasen* (ellos) _____ por aquí, les voy a cantar las cuarenta.
14. *Nosotros, en su situación* (de usted) _____ , habríamos/hubiéramos llegado hasta el final.
15. *Cuando pases* _____ por Oviedo, me llamas.
16. *Con quejarte* _____ , adelantarás/adelantas poco.
17. *De haberla conocido* antes _____ , me habría/hubiera casado con ella.
18. *Cuando no sepa* usted qué decir _____ , no diga nada.

247. Sustituya la estructura en cursiva por otra de igual sentido.

1. *Si hubiera llegado* antes, lo *habrías* visto.
2. *Si llego a seguir* su consejo, *me equivoco*.
3. *Si yo hubiera estado* en su situación, *habría* llamado a la policía.
4. *Si se limitara a responder* escuetamente a lo que le preguntan, no *metería/metía* la pata.
5. El médico le dijo que *si probaba* una gota más de alcohol, se *moriría/moría*.
6. El dueño le avisó que *si no pagaba* el recibo, le *cortarían/cortaban* el gas.

7. *Si llegas* tarde otra vez, no te dejo salir en todo el mes.

8. *Si hubiera sabido* el parte meteorológico con anterioridad, no hubiera sa–lido de viaje.

9. *Al pagar* se dio cuenta de que no llevaba dinero.

10. *Al no recibirnos*, sospechamos que tenía algo que ocultar.

11. *Con hacer* «footing» cuatro kilómetros diarios, no *adelgazas*.

12. *De seguir* así, *ganamos* la Liga.

13. Vi la fruta *cayendo* del árbol.

14. Recibimos un telegrama *comunicándonos* su próxima boda.

15. Me acordé de Carmela *dando* un paseo por el Retiro.

16. *Habiendo* terminado su labor, se marcharon a la taberna. Son unos pillos.

17. *Aun tratándose* de usted, no puedo permitirle el paso.

18. *Viendo* en qué situación se encontraban, los alojamos con nosotros.

19. *Leída* la correspondencia, iniciamos su contestación.

20. *Agotadas* por el trabajo, tomaron un respiro.

248. Diga los adjetivos correspondientes a los siguientes sustantivos.

1. Equilibrio.
2. Músculo.
3. Pelo.
4. Bondad.
5. Dolor.
6. Pasión.
7. Fuerza.
8. Satisfacción.
9. Historia.
10. Gigante.

11. Razón.
12. Ambición.
13. Hombre.
14. Gracia.
15. Simpatía.
16. Nervio.
17. Cerebro.
18. Ocio.
19. Universidad.
20. Atención.

21. Exageración.
22. Energía.
23. Literatura.
24. Luz.
25. Siervo.
26. Envidia.
27. Mujer.
28. Estupidez.
29. Desesperación.
30. Fiebre.

APUNTES DE CLASE

249. Haga frases que completen el significado de las siguientes.

1. Si dejaras el tabaco, _____ .
2. Si _____ , me haría un viaje por Europa.
3. Cuando regreses, _____ .
4. Mientras _____ la sequía, habrá que ahorrar agua.
5. Aunque no me guste, _____ .
6. Con tal de que _____ , me daré por satisfecho.
7. Por más que _____ , no veo a nadie.
8. A poco que te esfuerces, _____ .
9. De haberlo sabido, _____ .
10. No conozco a nadie que _____ esa novela.
11. Me hubiera parecido correcto que _____ .
12. No estaría mal que _____ .
13. (Yo) (ir) _____ si no llegáis a tiempo.
14. Me habría gustado que _____ .
15. Le recomendé que _____ .
16. Si ves a Pedro, _____ .
17. _____ lo antes que puedas.
18. Eramos de la opinión de que (tú) _____ el puesto.
19. Tal vez lo comprenda cuando _____ .
20. Me alegraré de que _____ .
21. Como no lo tomasteis en serio, _____ .
22. Llamaré a un fontanero por si _____ .

250. Haga frases que completen el significado.

1. Ya habían entrado antes de que _____ .
2. Tú eras riquísimo, mientras que tu hermano _____ un céntimo.
3. He observado que _____ .
4. Me han dicho que _____ de casa.
5. Me encanta todo de él, menos que _____ tan poco puntual.

6. Después de que hayáis reflexionado atentamente, _____ .

7. ¡Dígale que _____ en cuanto se presente aquí!

8. Según _____ los trabajos, los entregaban en seguida.

9. No se habían portado bien con ella, de ahí que _____ antipatía.

10. Si _____ , no habríamos tenido inconveniente.

11. ¿No le he insistido varias veces que _____ ?

12. ¿Ha sido usted el que _____ ?

13. Le habían aconsejado que _____ .

14. Haré lo que _____ .

251. Complete el sentido de estas frases.

1. Mientras trabajaba en aquella compañía _____ .

2. Se puso tan nerviosa que _____ .

3. Le han pedido que _____ .

4. _____ que pintaseis la habitación de blanco.

5. Estaban aquí hace un momento, y eso que _____ .

6. He viajado todo lo que _____ .

7. Vi la obra de teatro, no fuera que _____ .

8. Ya sé que se _____ el domingo cazando.

9. Cuando era niño _____ .

10. Lo vas a estropear, si no _____ .

11. Decidirá venir nada más que _____ .

12. Me baño en la playa los días que _____ .

13. No tenía ni idea de que _____ .

14. Para cuando Inés haya terminado la carrera, _____ .

15. Se lo perdoné todo, menos que _____ .

16. La profesora recogía los exámenes a medida que _____ .

17. Paco se había encargado de que Carmen _____ .

18. Soñaban con que su hija _____ .

252. ¿A qué país, ciudad o región pertenecen los siguientes gentilicios?

salmantino	salvadoreño
paraguayo	tibetano
sudafricano	neocelandés
granadino	jordano
burgalés	checo
ovetense	galés
manchego	guineano
navarro	aragonés

253. Explique claramente la diferencia de significado entre las siguientes palabras.

1. Cerco ≠ cerca.
2. Ramo ≠ rama.
3. Rayo ≠ raya.
4. Gamo ≠ gama.
5. Palo ≠ pala.

6. Cuadro ≠ cuadra.
7. Cuento ≠ cuenta.
8. Calvo ≠ calva.
9. Caño ≠ caña.
10. Cuenco ≠ cuenca.

APUNTES DE CLASE

Unidad cuarenta y siete

254. Transforme las siguientes oraciones utilizando la partícula *se*.

1. Los planos han sido estudiados cuidadosamente. →
2. El puente había sido demolido en sólo unas horas. →
3. La manifestación fue disuelta en un abrir y cerrar de ojos. →
4. El programa ha sido explicado apresuradamente. →
5. Este local ha sido clausurado por el jaleo de anoche. →
6. Los periódicos fueron leídos aquel año con mucho interés. →
7. Nos ha sido impuesta una medida absurda. →
8. El problema de la relatividad ha sido expuesto de muchas maneras distintas. →
9. Don Antonio es considerado como hombre de bien en toda la provincia. →
10. Este edificio fue construido en sólo cinco meses. ¡Así salió! →
11. El ratero será encarcelado por sus pillerías. →
12. Estas naranjas habrían sido vendidas si hubiesen tenido mejor aspecto. →
13. Fue multado por aparcar en doble fila. →
14. El ministro será recibido en el aeropuerto. →

255. Transforme las siguientes oraciones transitivas en impersonales con *se*.

1. La gente comentaba que volvería a subir el petróleo. →
2. La gente lee «El País» en toda España. →
3. Recordaban que había estado ausente durante mucho tiempo. →
4. Vieron que Elisa no era lo que parecía. →
5. Comemos la carne con tenedor y cuchillo. →
6. Aquí ganamos menos, pero tenemos más tiempo libre. →
7. En los países latinos la gente bebe más vino que en los germánicos. →
8. Compramos chatarra de todas las clases. →
9. Hablamos francés, inglés y alemán. →
10. Alquilamos piso amueblado. →
11. Aquí trabajamos, nos divertimos, y cada uno hace lo que quiere. →
12. La gente rumorea que va a dimitir el presidente del Gobierno. →
13. Uno agradece las buenas intenciones, ¡chico! →

256. Cambie las siguientes oraciones activas a pasivas con *se*, cambiando el verbo en cursiva.

1. A todos nos *dijeron* que tuviéramos mucho cuidado.
2. Le *vieron* en Roma acompañado por una persona de mala reputación.
3. Le *ayudamos* todo lo que *pudimos*.
4. Les *compraron* un piso a cada uno y no quedaron satisfechos.
5. A mí me *respetan* porque tengo poder en círculos financieros.
6. A ellas las *quieren* más que a vosotras porque son aduladoras.
7. A ti te *admiran* por ser muy popular y tener gancho.
8. A él no le *tenemos* en cuenta, porque no se da a valer.
9. A él lo *desprecian* porque es un aprovechado.
10. A Javi y Toni los *recordaremos* toda la vida.
11. Te *esperaremos* hasta las cinco y cuarto. Ni un minuto más.
12. Nos *dieron* alojamiento, comida y grata compañía. ¿Qué más *podemos* pedir?

257. Cambie las siguientes oraciones activas en medias con *se*, siguiendo el modelo.

MODELO: En verano las sombrillas protegen del sol a los bañistas. ➤ En verano los bañistas *se* protegen del sol con sombrillas.

1. Dicen que aquí curan la gripe con coñac y leche. ➤
2. El tabaco daña los pulmones. ➤
3. El ruido aturde al público. ➤
4. El sol y el aire secarán la ropa húmeda. ➤
5. Este chisme arregla todas las averías. ➤
6. El amor soluciona muchos problemas. ➤
7. Calmamos el hambre con un buen filete y patatas fritas. ➤
8. La fuerza de voluntad consigue lo imposible. ➤
9. Las cuerdas vocales producen sonidos. ➤
10. El estómago y el intestino hacen la digestión. ➤
11. Oímos con los oídos y hablamos con las cuerdas vocales. ➤
12. Sentimos con el corazón y pensamos con la cabeza. ➤
13. Recibimos las buenas noticias con alegría. ➤
14. Plancharon la ropa con un chisme extraño. ➤

258. Ponga los verbos en cursiva en un tiempo y modo adecuados.

Recientemente *descubrirse* unas tablas románicas en la capilla de un monasterio palentino. Dicho monasterio *fundarse* por monjes que *establecerse* en la región a mediados del siglo XI. Algunos eruditos *llegar* a la conclusión de que las pinturas *ser* hechas por los mismos monjes. También *decir-*

se que *ser* realizadas por maestros extranjeros que *venir* a España con las peregrinaciones jacobeas. *Ser* una lástima, de todas maneras, que no *aclararse* con certeza el origen de estas valiosas reliquias artísticas. Por otro lado, la prensa *poner* de relieve, con fotos y artículos bien documentados, no sólo el mérito de dichas obras, sino también la necesidad de que *restaurarse* y *trasladarse* a algún museo importante donde *quedar* debidamente custodiadas. Posteriormente, *ser* expuestas al público.

259. Haga frases con los siguientes verbos, estableciendo claramente la diferencia de significado.

1. Sonar ≠ sonarse.
2. Mojar ≠ mojarse.
3. Gastar ≠ gastarse.
4. Despedir ≠ despedirse.
5. Volver ≠ volverse.
6. Declarar ≠ declararse.
7. Borrar ≠ borrarse.
8. Empeñar ≠ empeñarse.
9. Creer ≠ creerse.
10. Tratar ≠ tratarse de.
11. Comprometer ≠ comprometerse.
12. Valer ≠ valerse.

260. Explique el sentido de las siguientes expresiones.

1. ¡No te metas donde no hagas pie; es peligroso!
2. Me miró de reojo y de mala manera.
3. Mi madre tiene mucha mano en esa empresa.
4. Esa tía tiene mucho morro. Créeme.
5. ¡A ver si me toca el gordo este año! ¡A ver!

APUNTES DE CLASE

261. Ponga los verbos en cursiva en gerundio o participio o déjelos en infinitivo, según convenga.

1. Se hinchó a *decir* _____ barbaridades y a soltar tacos.
2. Lleva *curar* _____ a más de treinta enfermos del corazón.
3. Me imagino que acabará de *levantarse* _____ ahora, es un vago.
4. Acabó *emigrar* _____ a los Estados Unidos por los años cuarenta.
5. Llevo *veranear* _____ en Alicante cinco años y me cambio al Norte.
6. Se lo tengo *decir* _____ muchas veces: hay que nadar y guardar la ropa.
7. Acabará por *conseguirlo* _____ ; tiene una voluntad de hierro.
8. Sigue *nevar* _____ ; esto no va a *acabar* _____ nunca. Me voy al Caribe.
9. Echó a *correr* _____ en cuanto me vio, me tiene más miedo que vergüenza.
10. Fueron *salir* _____ poco a poco. No hubo incidentes.
11. En cuanto deje de *fumar* _____ se curará, ya lo verás.
12. Se ha *volver* _____ a *casar* _____ recientemente y por cuarta vez.
13. Cuando ya tenía *vender* _____ la parcela, le salió un comprador mejor.
14. Sigue *retirar* _____ de la vida social. Está aburrido de la «gente guapa».
15. Los tiene *fascinar* _____ con sus aventuras por tierras exóticas.
16. Últimamente la Prensa viene *criticar* _____ mucho al Gobierno como es lógico.
17. Tenemos *entender* _____ que de ahora en adelante se cuidará más nuestro entorno. ¿Es así?
18. Incluso llegué a *decirle* _____ cuatro verdades; se lo merecía.
19. He de *consultarlo* _____ con la almohada antes de decidirme. ¡No me atosigues!
20. Acabamos de *señalar* _____ los pros y los contras de la aventura.
21. Anda *contar* _____ a todo el mundo cosas que debiera callarse.
22. Pasamos a *ver* _____ el documental que trata de la flora y fauna del río Amazonas.
23. Le tengo *decir* _____ que no moleste a los clientes. ¡Caballero!
24. No alcancé a *comprender* _____ el sentido de su pregunta.
25. Sigue *buscar* _____ empleo, pero no encuentra ninguno que le vaya bien.
26. Vengo *insistir* _____ en este asunto desde hace ya mucho tiempo y nadie me hace caso.

262. Dé sentido a las siguientes frases transformando los infinitivos en cursiva, según convenga.

1. No vivo muy bien, pero *ir tirar* por ahora.
2. (Ellos) *tener* que *esperar* más de media hora todos los días por el tren cercanías.

3. (Él) *dar* por *terminar* la discusión de una forma tajante.

4. (Ella) *echarse* a *reír* sin que viniera a cuento.

5. El alquiler de este piso *venir* a *costar* unas 70.000 pesetas. ¡Vaya chollo!

6. (Él) ya *tener ver* cinco coches cuando por fin se decidió por el primero.

7. (Yo) *llevar escribir* 20 folios de la novela y no se me ocurría una idea más. Estaba obcecado.

8. Juan *seguir ser* un impertinente; no ha cambiado nada.

9. *Haber* que *decidir* en este instante lo que (nosotros) *deber hacer*.

263. Sustituya las estructuras verbales en cursiva por una de las perífrasis verbales siguientes: *tener* + participio, *llevar sin*, *haber de*, *acabar de* + infinitivo, *salir* + gerundio, *andar* + participio, *quedar* + participio, *meterse a*, *llegar a* + infinitivo, *dar por*, *acabar por*, *haber que* + infinitivo, *ir* + gerundio, *venir* + gerundio, *seguir sin*, *quedar en*, *seguir* + gerundio, *andar* + gerundio, *llevar* + gerundio, *traer* + participio, *llevar* + participio.

1. *Hace seis años que no probamos* licores.

2. Hemos intentado localizarlos en los sitios más inverosímiles, pero *todavía no han dado señales de vida*.

3. *Si hubiera sabido* que aparecerías en el Telediario, hubiera puesto el televisor.

4. Causó una impresión deplorable, porque *se puso a* hablar de lo que no sabía.

5. ¿Le pasaría algo? *Hacía una hora que no abría la boca*.

6. En este mundo, además de ganar o perder, *tenemos que* saber hacerlo.

7. Los médicos no *conseguían diagnosticar* la enfermedad del pequeño, y la madre estaba como loca.

8. No desespere usted: *tiene que llegar* el día en que todo se solucione.

9. Si queremos ahorrar dinero *será necesario trabajar* mucho.

10. Últimamente, Juan *sólo piensa en jugar* al tenis.

11. *Nos pusimos de acuerdo* en guardar el secreto.

12. La situación política de Brasil *mejora día a día*.

13. Problemas de estas características *aparecen desde hace algún tiempo* en los países desarrollados.

14. ¿*Aún estudiáis* en la Facultad? Creí que ya habíais terminado.

15. Es un guasón, siempre *está* burlándose de todo el mundo.

16. Cuando menos lo esperábamos, *dijo de buenas a primeras* que estaba harto de estar allí.

17. Eres muy terco, pero yo sé que *al final me darás* la razón.

18. *Hacía más de una hora que estábamos* sentados en la sala de espera cuando, por fin, llegó el tren.

19. Menos mal que *ya he preparado* las lecciones para mañana.

20. Las últimas declaraciones del jefe del Gobierno *preocupan* mucho a la opinión pública.

21. Todo esto *será corroborado* palabra por palabra cuando venga el doctor Bermúdez, jefe de nuestro laboratorio central.

22. La juventud actual *va vestida a veces* de una manera extravagante.

23. ¿Cuánto *tiempo hace que me espera?* — *Estoy* esperándole desde hace media hora.

24. Este edificio *hace* veinte años *que está construido.*

25. *Estaba enamorada de Manolo* desde hacía mucho tiempo.

264. Haga frases con los siguientes pares de palabras, mostrando claramente su diferencia de uso y significado.

1. Yema ≠ clara.
2. Concurso ≠ competición.
3. Guión ≠ esquema.
4. Sesión ≠ función.
5. Bulto ≠ paquete.

6. Tema ≠ tópico.
7. Archivo ≠ fichero.
8. Trayecto ≠ viaje.
9. Marrón ≠ pardo.
10. Castaño ≠ moreno.

APUNTES DE CLASE

Unidad cuarenta y nueve

265. Use uno de los verbos de cambio: *hacerse, volverse, quedarse, ponerse, llegar a ser, convertirse en, meterse a...* que considere más adecuado a las siguientes frases. Algunas admiten más de una solución.

1. Cuando le echaron el piropo, Sarita _____ colorada.
2. ¡Qué cosa más rara! Elena era una chica inteligente, pero _____ tonta.
3. Les devolvimos el dinero y (ellas) _____ satisfechas.
4. De joven tenía la nacionalidad inglesa, de mayor _____ americana.
5. (Él) _____ rico con las quinielas. ¡Vaya suerte!
6. La electricidad _____ en la primera fuente de energía junto con el carbón a principios de siglo.
7. Si no te abrigas, _____ helada.
8. Con este viaje a Londres, (él) _____ muy inglés. ¡Hasta bebe té!
9. Richard Nixon _____ presidente después de muchos fracasos y luego lo destituyeron.
10. (Él) _____ pálido cuando le pidieron la documentación. Es un miedica.
11. Maribel está desconocida; _____ una mujer este verano.
12. Me parece que (tú) _____ muy caprichoso y exigente, ¡eh!
13. (Nosotros) _____ muy descontentos del trato que nos dispensaron en aquel parador de turismo.
14. Ese chico empezó de aprendiz, pero en sólo ocho meses _____ el mejor oficial del taller. Lo que es mérito.
15. De niña quiso _____ a monja, pero no la dejaron.
16. Se arruinó y _____ más pobre que una rata.
17. Antes de dedicarte a esas aventuras, debes pensar en _____ un hombre de provecho y pensar en el día de mañana.
18. ¡No (tú) _____ ahí quieto, muévete! Parece que estás clavado al suelo.
19. (Ella) _____ muy quisquillosa desde que la dejó el novio. ¡Ya se le pasará!
20. Estoy seguro que este chico _____ alguien en la vida de los negocios.
21. ¿Adónde vas? (Tú) _____ muy elegante. Seguro que tienes algo en manos.
22. Con las heladas, las alcachofas _____ un artículo de lujo este año.
23. Desde que tiene dinero, (él) _____ un esclavo de las conveniencias sociales. Es un «trepa».
24. En materia de enseñanza, (él) _____ muy anticuado y conservador.
25. ¡No (usted) _____ así! ¡No es para tanto! ¡Amiga mía!

26. El conde Drácula _____ un vampiro enorme y asqueroso.

27. China _____ en una primera potencia económica.

266. Haga lo mismo que en el ejercicio anterior.

1. Antes era muy realista, pero ahora _____ un quijote.

2. (Ella) _____ muda de la impresión recibida.

3. (Él) _____ ingeniero, y ahora trabaja en una empresa de construcción multinacional.

4. Después de salir de la cárcel, (él) _____ en una persona honrada contra todo pronóstico.

5. ¡No _____ usted nerviosa, señorita! Todos estamos aquí para ayudarla a pasar el mal trago.

6. Le dimos un sedante y _____ dormido al momento.

7. Si algún día (tú) _____ famoso, acuérdate de tus años difíciles del comienzo.

8. Con las malas compañías que frecuentan, _____ unos sinvergüenzas de cuidado.

9. Su cuñada _____ en una novelista muy conocida en todas partes.

10. Se quitaron la chaqueta y _____ en mangas de camisa pese a que era enero.

11. Les tocó la «Bono Loto» y _____ multimillonarios. ¡Qué envidia les tengo!

12. ¡Qué pena! Anduvo tonteando con cocaína y (ella) _____ enganchada. ¡Pobrecita!

13. Me acosté y _____ frita porque estaba hecha polvo.

14. Elisa guardó cama durante un par de días y _____ buena.

15. Como no tenía ni oficio ni beneficio, _____ a político.

267. Sustituya las formas en cursiva por equivalentes, efectuando los cambios sintácticos necesarios.

1. El tren llegará *a eso de* las diez de la noche.

2. *Al salir*, no te olvides de dejar la llave al portero.

3. Habría *unos* 50.000 espectadores en el partido.

4. Sabes lo que te digo: *en cuanto* se me acabe el gas tiro el mechero.

5. *Hablando* inglés le notábamos un acento extraño.

6. *De haberlo sabido* antes, hubiera consultado a un especialista.

7. *Con escribirle* dos líneas, cumples.

8. *Cuando termines* de leer la «Guía del ocio», pásamela.

9. Antes de *que te sientes*, quítate la chaqueta.

10. Estás así de gordo *por comer* demasiado.

11. *Necesito* mantener la calma y no ponerme nervioso.

12. *Nos permitió llegar* más tarde de lo corriente.

13. El coronel ordenó a sus tropas *atacar* al enemigo.

14. Le aconsejaría a usted *seguirle* la corriente.

15. ¡A buenas horas *iba yo a aguantarle*!

16. *Una vez que hubo comido* se echó la siesta.

17. *Deberías* ser más comedido en tus palabras.

18. *Quisiera* que todo el mundo fuese feliz.

19. Si acertase la quiniela de esta semana, os *daría* un banquetazo.

20. El director mandó a los alumnos *bajar* la voz.

21. *De haberlo averiguado* antes, *hubiéramos* vendido las acciones.

22. *De no cuidarte* un poco más, vas a enfermar.

23. *Yo que* Pili, lo mandaba a freír espárragos.

24. *De no casarme* con ella, me suicido.

268. Rellene los espacios con la palabra adecuada.

1. Una _____ de pan.

2. Una _____ de jabón.

3. Un _____ de aspirinas.

4. Una _____ de melón.

5. Un _____ de naranja.

6. Una _____ de chocolate.

7. Una _____ de jamón.

8. Una _____ de merluza.

9. Una _____ de cerveza.

10. Una _____ de licor.

11. Un _____ de uvas.

12. Una _____ de ajos.

13. Una _____ de conservas.

14. Un _____ de azúcar.

APUNTES DE CLASE

Unidad cincuenta

269. Varíe la posición del pronombre o pronombres en cursiva cuando sea posible.

1. *Me lo* tienes que enviar lo antes posible.
2. Si *te* duele esa muela, debes sacár*tela*.
3. *Se lo* iba leyendo muy despacio y con gran atención.
4. Tenemos que ver*nos* mañana a las siete y media de la tarde.
5. Estaban escribiéndo*les* la carta cuando llegamos.
6. Tuvieron que dar*le* dos puntos en la herida.
7. No tengo que repetir*le* que se trata de un asunto muy importante.
8. *Le* habrán dicho que se calle, por eso tiene esa cara.
9. *Nos lo* dijo sin rodeos, fue directamente al grano.
10. *Nos* habían invitado a comer fuera, pero no aceptamos.
11. Cómpre*selo* sin pensar*lo* más, es un chollo.
12. No se *les* dio permiso para salir porque no se lo merecían.
13. Dígame de qué se trata e intentaré ayudar*le*.

270. Rellene los espacios con el pronombre o pronombres personales que exija el contexto.

1. Ayer por la tarde se _____ estropeó el teléfono (a nosotros).
2. A Juanita siempre se _____ escapa la risa en los momentos más inoportunos.
3. Pasé un mal rato, porque se _____ durmió un brazo.
4. Como hacía viento, se _____ cayó un tiesto a la calle (a ellos).
5. Se _____ cae la baba cuando te hablan de Mara Belén.
6. Se _____ ha perdido el bolígrafo (a mí).
7. Se _____ estropeó la comida (a él).
8. Le ofendieron y se _____ subió la sangre a la cabeza (a usted).
9. Se _____ pinchó una rueda de la moto (al cartero).
10. Le pisé un callo y _____ escapó un taco.
11. Ella no apagó la vela; _____ apagó.
12. Tú no tiraste los papeles; _____ cayeron.
13. Yo no quería decir eso; _____ escapó.

14. El policía no apretó el gatillo; _____ disparó la pistola sola.

15. No hubo primer plato, porque a mi madre _____ quemaron las judías.

16. Tuvo que entrar por la terraza, porque _____ perdió la llave de la puerta.

17. No, doña Luisa, yo no rompí el vaso; _____ rompió.

271. Rellene los espacios con los pronombres personales que exija el contexto.

1. Cuando oigo estas cosas _____ _____ ponen los pelos de punta.

2. A tu hijo siempre _____ _____ han atragantado las matemáticas.

3. Al ver la langosta (a mí) _____ _____ hizo la boca agua.

4. A la abuela _____ _____ llenan los ojos de lágrimas cuando le hablan de su juventud.

5. Salga usted a tomar un poco el aire, a ver si _____ _____ despeja la cabeza.

6. Del susto que recibió _____ _____ cortó la voz.

7. No comprendo cómo una idea tan estúpida (a él) _____ _____ ha metido entre ceja y ceja. _____ _____

8. Cuando se enteró de que habían suspendido a su novio, _____ _____ cayó el alma a los pies.

9. ¿Por qué (a ti) _____ _____ antojan siempre estas chucherías?

10. No puede soportar las injusticias; _____ _____ sube la sangre a la cabeza.

11. Estaban tan débiles, que _____ _____ doblaban las piernas.

12. Dice que perdió el control de sus nervios y _____ _____ nubló la vista.

272. Rellene los espacios con un verbo adecuado.

1. (Él) _____ una enfermedad incurable.

2. La feliz pareja _____ sus bodas de plata en la intimidad.

3. Se dedica a _____ conferencias.

4. Hay que _____ ese problema cuanto antes.

5. El profesor _____ a un alumno a la pizarra.

6. El diputado _____ la palabra y no se la concedieron.

7. Grandes rebajas, ¡_____ la oportunidad!

8. Ellos _____ mala suerte en ese negocio.

9. Si no paga usted el recibo, la compañía le _____ la luz.

10. Le han metido en la cárcel por haber _____ un fraude.

11. Los guardias están _____ multas a los automóviles mal aparcados.

12. El ladrón _____ un banco.

13. He _____ un local por 70.000 pesetas al mes. ¡Qué chollo!

14. El avión _____ en el aeropuerto de Barajas a la hora prevista.

15. El barco _____ en el muelle de poniente.

16. Hay que _____ brillo a los zapatos.

273. ¿A qué país, ciudad o región pertenecen los siguientes gentilicios?

1. Levantino.
2. Hindú.
3. Sirio.
4. Cordobés.
5. Santanderino.
6. Leonés.
7. Extremeño.

8. Dominicano.
9. Mongol.
10. Siberiano.
11. Coreano.
12. Sueco.
13. Normando.
14. Etíope.

=== APUNTES DE CLASE ===

Unidad cincuenta y uno

274. Explique la diferencia que existe entre los siguientes pares de frases.

1. Hemos comprado un yate.
   Nos hemos comprado un yate.
2. Pedro vino solo a Madrid.
   Pedro *se* vino solo a Madrid.
3. Como un filete en cada comida.
   Me como un filete en cada comida.
4. Ese señor fuma dos puros diarios.
   Ese señor *se* fuma dos puros diarios.
5. Esperamos una hora por él.
   Se esperó una hora por él.
6. El domingo bebiste una botella de vino.
   El domingo *te* bebiste una botella de vino.

275. Transforme las frases siguientes, según el modelo.

MODELO: Ya sabíamos *que había estado aquí.* ⟶ Que había estado aquí ya *lo* sabíamos.

1. No puedo comprender que haya sido capaz de hacer eso. ⟶
2. Ni siquiera sospecha que estoy enamorada de ella. ⟶
3. Me imaginaba que no tenía vergüenza. ⟶
4. Me habían dicho que habla ruso perfectamente. ⟶
5. Ignorábamos que padecía asma. ⟶
6. Vieron desde el principio que la solución no era ésa. ⟶
7. Lamentamos mucho que haya perdido el avión. ⟶
8. Deseaban con todo el alma que fueran felices. ⟶

276. Coloque la partícula *se* donde sea posible o necesario y explique su uso.

1. _____ me ocurrió una idea extraordinaria, pero no pude llevarla a cabo.
2. Como no lo cuides, _____ te va a caer el pelo.

3. ¡Ya está!, _____ ha estropeado otra vez el chisme éste.

4. El torero _____ dio varias vueltas al ruedo.

5. (Ella) _____ dio una vuelta por el centro.

6. La hermana mayor _____ llevaba bien con su padre.

7. Espero que _____ lo diga usted antes de que sea demasiado tarde.

8. ¿_____ ha recibido usted el recibo del gas?

9. _____ me ha caído otra vez el despertador y _____ ha hecho añicos.

10. Creo que no _____ ha meditado usted lo suficiente.

11. A ese individuo _____ le ve el plumero.

12. _____ comunicaron por «e-mail» todas sus vicisitudes.

13. _____ descansó un buen rato durante la hora de la siesta.

14. Sospecho que (él) _____ trae algo entre manos.

15. ¿Cuánto tiempo (él) _____ pasó en la cárcel?

16. (Ella) _____ lloró desconsoladamente toda la tarde.

17. (A ellos) _____ les animó a que concursaran al premio.

18. ¡No _____ le olvide! Los portales _____ cierran a las once.

19. Los países del este de Europa _____ están complicando la existencia.

20. En ese taller _____ ponen medias suelas a los zapatos en menos que canta un gallo.

21. La gripe _____ cura con reposo y buenos alimentos.

22. Esta vieja campana _____ rompió hace algún tiempo, pero ya _____ ha reparado, gracias a Dios.

23. ¿Qué le sucedió? ¿_____ volvió loca?

24. Cuando _____ canta bien, _____ nota al momento.

25. Mientras _____ jugaban al balón, no _____ enteraban de nada.

26. Estos cuadros _____ pintaron en Amberes en el siglo XVII.

27. (A él) _____ le cruzaron los cables y me arreó un puñetazo.

28. Cuando hace mucho calor _____ suda una barbaridad.

29. En Córdoba _____ celebró hace unos días un congreso de cardiología.

30. El conjunto «Cramberries» _____ iba a dar un concierto en Venecia, pero _____ suspendió a última hora.

277. **Utilice estos verbos en frases mostrando claramente la diferencia de uso y significado.**

1. Dormir ≠ dormirse.

2. Ir ≠ irse.

3. Marchar ≠ marcharse.

4. Callar ≠ callarse.

5. Encargar ≠ encargarse (de).

6. Apuntar ≠ apuntarse.

7. Conformar ≠ conformarse (con).

8. Saber ≠ saberse.

9. Decidir ≠ decidirse (a).

10. Encontrar ≠ encontrarse.

11. Estirar ≠ estirarse.

12. Ganar ≠ ganarse (a).

13. Detener ≠ detenerse (a).

14. Parecer ≠ parecerse (a).

278. Explique la diferencia entre estas palabras.

1. Marco ≠ marca.
2. Bazo ≠ baza.
3. Anillo ≠ anilla.
4. Rodillo ≠ rodilla.
5. Tramo ≠ trama.
6. Copo ≠ copa.
7. Bolso ≠ bolsa.
8. Cepo ≠ cepa.
9. Gorro ≠ gorra.
10. Bolo ≠ bola.
11. Chino ≠ china.
12. Velo ≠ vela.

APUNTES DE CLASE

Unidad cincuenta y dos

279. Sustituya los pronombres o adverbios relativos en cursiva por otros relativos cuando sea posible.

1. Los empleados, *que* han rendido bastante este mes, recibirán un sobresueldo.
2. La corbata *que* has comprado es muy chillona.
3. El detalle *en que* te has fijado me parece interesante.
4. El vecino *de quien* tanto me he ocupado me ha decepcionado.
5. *A quien* madruga, Dios le ayuda.
6. El año *en que* nos conocimos fue maravilloso.
7. No es esto *a lo que* me refiero. Tú lo sabes bien.
8. La novela *cuyas* páginas voy redactando no acaba de satisfacerme.
9. No has hecho nada en todo el verano, *lo cual* me desagrada profundamente.
10. No es ése el político *de quien* te hablé ayer.
11. El niño *cuyos* padres han muerto se llama huérfano.
12. Ha venido un señor *que* quería hablar contigo.
13. Hay que tirar los restos de la comida *que* están podridos, a la basura.
14. Esa anécdota me trae a la memoria una película de *cuyo* título no me acuerdo.
15. Mis primos, *a los cuales* no les agradaba vivir en el campo, persuadieron a sus padres para comprar un piso en la capital.
16. Me he entrevistado con *la persona que* está a cargo de las finanzas.
17. *La que* se esfuerza, llegará lejos.
18. Es ella *la que* no lleva razón a juzgar por la manera en que habla.
19. Toda la vida hizo todo *lo que* le vino en gana.
20. Procedieron *del modo que* consideraron más apropiado a las circunstancias.
21. No es éste el político *de quien* te hablé ayer.
22. Dijo que se casarían *en el momento que* encontraran piso en *el que* vivir.
23. En la aldea *donde* me crié la vida era muy tranquila y bucólica.

280. Explique la diferencia de significado entre estos pares de frases.

1. Los clientes, que estaban satisfechos, felicitaron al dueño del establecimiento.
   Los clientes que estaban satisfechos, felicitaron al dueño del establecimiento.
2. Las casas que estaban mal construidas, se derrumbaron por la acción del agua.
   Las casas, que estaban mal construidas, se derrumbaron por la acción del agua.

3. A los jugadores, que habían jugado mal, no les abonaron las primas.

A los jugadores que habían jugado mal, no les abonaron las primas.

281. Sustituya el adverbio relativo *donde* por otro relativo equivalente.

1. El barrio *donde* vivimos está muy apartado del centro.
2. El pueblo *donde* nací está escondido entre montañas.
3. El hotel *donde* se hospedaba era muy ruidoso y poco recomendable.
4. El lugar por *donde* pasábamos era bastante inhóspito.
5. La localidad *adonde* le destinaron se mantiene todavía en secreto.
6. La casa desde *donde* te escribo es un refugio de montaña.
7. El punto *adonde* me dirijo te lo comunicaré posteriormente.
8. La playa *donde* paso los veranos se está poniendo de moda.

282. Complete estas oraciones con los relativos adecuados al contexto.

1. Fue con esas palabras _____ terminó el discurso.
2. Era de Pedro _____ no quería hablar.
3. Ésa es la razón _____ quiero verte.
4. Fue en abril _____ nos vimos por última vez.
5. Es a la orilla de los ríos _____ se dan los chopos.
6. Fue por una tontería _____ riñeron.
7. Es desde aquí _____ se divisa mejor panorama.
8. Así es _____ se separaron nuestros destinos.
9. Era sin dinero _____ no podía pasar.
10. ¿Es para esto _____ me has mandado llamar?

283. Utilice en frases las siguientes comparaciones (clichés lingüísticos).

1. Vivir como un cura.
2. Trabajar como un burro.
3. Ver como un lince.
4. Durar menos que una bolsa de caramelos a la salida de un colegio.
5. Beber como una cuba.
6. Vender algo como churros.
7. Llevarse como el perro y el gato.
8. Bailar como una peonza.
9. Nadar como un pez.
10. Correr como un galgo.
11. Crecer como hongos.

284. Use las siguientes palabras derivadas en frases, de manera que se vea claramente su significado.

1. Cañonazo.
2. Matón.
3. Empollón.
4. Puñetazo.
5. Cochinillo.
6. Comidilla.

7. Botellazo.
8. Palillo.
9. Folletín.
10. Mesón.
11. Patilla.
12. Colilla.

APUNTES DE CLASE

Unidad cincuenta y tres

285. Lea las siguientes frases.

1. Toledo, domingo, 21 de diciembre de 1999.
2. Visitas todos los días, incluso festivos, de 9 a 1,30 y de 5,30 a 7,15.
3. Dirección de la empresa: Princesa, 80. Teléfono 436 41 89.
4. El billón español es 1.000.000.000.000.
5. Información económica en páginas 20 y 21. La Bolsa de Tokio ha bajado 2/5.
6. Este local cuesta 750.000 pesetas de traspaso más gastos.
7. El censo de la población se realizará del 5 al 31 de abril en horas laborables.
8. Temperaturas de ayer en Soria: máxima: +8 a las 18. Mínima: +0,4 a las 4.
9. Hoy es martes y 13, la suerte llama a su puerta. ¡Aproveche esta ocasión! Son 525.000.000 el gordo de Navidad. ¡Juegue en Alcalá, 18 (estanco)!
10. Para llamar a la policía hay que marcar el 091. Para información de la hora, el 093, y para avisos de averías, el 002.
11. 2/3 del sueldo se me van en casa y comida y el otro 1/3 apenas me llega para cubrir las demás necesidades.
12. Menos de 1/4 de la población española vive en el campo.
13. Carlos I de España y V de Alemania fue el último César de Occidente.
14. Juan XXIII fue un Papa popular.
15. Luis XIV fue llamado el «Rey Sol».
16. El siglo XXI está a la vuelta de la esquina.
17. Escorial (Peralejo). 60 chalets pareados, con parcela individual, piscina común, *paddle* tenis, tres y cuatro dormitorios. Precio, 29.900.000 ó 31.900.000. Hipoteca al 8 por 100 durante 12 años. Entrada, 4.500.000. Teléfono 91 890 70 51.

286. Lea los siguientes números romanos.

M, C, D, X, V, I, IV, L, MDCCIII, CM, XC, XIII, MCMLXXIX, MCMXC.

287. Lea estas operaciones aritméticas.

25+7+6=38; 35–7=28; 6x7=42; 8x8=64; 10:2=5; 50:10=5.

288. Complete las siguientes frases con una preposición, un infinitivo o un sustantivo.

1. Me contenté _____
2. Se decidió _____
3. Ni siquiera se dignó _____
4. Se han empeñado _____
5. Yo me encargo _____
6. No te entretengas _____
7. No estoy _____
8. Hemos _____
9. Nos indujo _____
10. Murió _____
11. Creo que se ofrecerá _____
12. Persiste _____

289. Explique claramente la diferencia de significado entre las siguientes palabras.

1. Especias ≠ especies.
2. Puerta ≠ portal.
3. Navaja ≠ cuchillo.
4. Arroyo ≠ torrente.
5. Montaña ≠ sierra.
6. Cielo ≠ firmamento.
7. Máquina ≠ motor.
8. Herramienta ≠ instrumento.
9. Chisme ≠ trasto.
10. Tierra ≠ suelo.
11. Verja ≠ cerca.
12. Piso ≠ planta.
13. Cacharro ≠ recipiente.
14. Publicidad ≠ propaganda.

APUNTES DE CLASE

Unidad cincuenta y cuatro

290. Complete el sentido de las frases siguientes con uno de estos indefinidos: *alguien, algo, nadie, nada, quienquiera, cualquiera, un(o), ningún(o), mucho.*

1. Tiene un carácter muy abierto; hace amistad con _____ .
2. ¿Hay _____ en el servicio?
3. Ha dicho _____ que no entiendo.
4. La fiesta me resultó aburrida porque no conocía a _____ .
5. El trabajo está bien, pero a _____ le gusta divertirse de vez en cuando.
6. Es un ignorante; no sabe absolutamente _____ de _____ .
7. _____ de estos trajes me satisface.
8. No conozco a _____ hombre con más personalidad que él.
9. Este incendio se ha producido por _____ cortocircuito.
10. La nueva barriada tenía _____ mercado y dos supermercados.
11. No basta con saber _____ , hay que demostrarlo.
12. _____ que haya hecho esto, demuestra muy mala idea.
13. Esa dirección se la puede dar _____ policía.
14. Lo hizo sin escrúpulo _____ .
15. _____ de nosotros comprendió la conferencia.

291. Complete las siguientes frases con uno de estos indefinidos, numerales, etc.: *todo, mucho, cierto, ambos, tal, semejante, medio.*

1. Al hombre _____ español le gusta el copeo.
2. No los conocemos a _____ , sólo a unos cuantos.
3. _____ son partidarios de una reforma radical, pero no todos.
4. A pesar de todo lo que digas, no deja de ser un _____ hombre.
5. Sois _____ para cual; en otras palabras, sois idénticos.
6. Este tío es una maravilla; lo sabe _____ .
7. He oído _____ rumores de que te vas a casar.
8. De _____ palo _____ astilla, dice el refrán.
9. No me atrevo a dirigirle la palabra a _____ animal.
10. _____ gobiernos están de acuerdo en su política exterior; los dos persiguen los mismos fines.

11. Tú explicas el problema a tu modo, pero _____ razones no son muy convincentes.

12. Nos dieron noticias _____ de su paradero.

13. En _____ ocasión, hace ya _____ años, hicimos un viaje por el norte de Europa.

14. Nos lo contó _____ señor cuyo nombre me reservo.

292. Determine el género de las siguientes palabras colocando el artículo determinado apropiado.

1. Homicida.
2. Hipótesis.
3. Dilema.
4. Centinela.
5. Andes.
6. Miércoles.
7. Cisma.
8. Calor.
9. Nave.
10. Propina.
11. Suicida.
12. Relación.

13. Melocotón.
14. Sena.
15. Adriático.
16. Planeta.
17. Flor.
18. Serie.
19. Barco.
20. Caos.
21. Haya.
22. Estudiante.
23. Azores.
24. Everest.

25. Guadarrama.
26. Oeste.
27. Dama.
28. Labor.
29. Reunión.
30. Moto.
31. Faro.
32. Temblor.
33. Esquema.
34. Lema.
35. Resultado.
36. Continente.

293. Forme el plural de las siguientes palabras compuestas.

1. Cualquiera.
2. Telaraña.
3. Bocacalle.
4. Rompeolas.
5. Mediodía.
6. Sacacorchos.
7. Saltamontes.

8. Pararrayos.
9. Hispanoamericano.
10. Paraguas.
11. Paniaguado.
12. Contraalmirante.
13. Rompecabezas.
14. Abrelatas.

294. Ponga los siguientes conjuntos nominales en plural.

1. Casa cuna.
2. Autoservicio.
3. Coche cama.

4. Buque escuela.
5. Hombre rana.
6. Autoescuela.

7. Perro policía.

8. Guardacoches.

9. Aguafiestas.

10. Extrarradio.

11. Medio ambiente.

12. Guardaespaldas.

295. ¿Cuáles de estas legumbres, verduras y hortalizas se consumen en su país?

lentejas	repollo	pepino	espinacas
garbanzos	nabos	escarola	ajo
judías	berenjenas	acelgas	cebolla
habas	zanahoria	perejil	apio

APUNTES DE CLASE

Unidad cincuenta y cinco

296. Rellene los puntos con el artículo determinado apropiado.

1. _____ tradicional es cantar villancicos en Navidad.
2. _____ más sensato es no perder _____ calma en _____ momentos de peligro.
3. _____ difícil, a veces, es dar la razón a los que no están de acuerdo con nosotros.
4. _____ azul del cielo andaluz es incomparable.
5. Todo _____ salado va bien con el vino seco.
6. _____ comer no desagrada a nadie; lo que desagrada es _____ engordar.
7. No sabía _____ simpático que era hasta que lo traté.
8. _____ claro de su dicción es lo que más gusta a la gente.
9. _____ divertido del caso es que presume mucho y no sabe nada.
10. Le molesta hacer _____ ridículo.
11. Fue una fiesta por todo _____ alto.
12. _____ que escriba versos no quiere decir que sea un buen poeta.
13. _____ triste de Pedro es _____ vacío de su carácter.
14. _____ curioso del caso es que ya lo sabía.
15. _____ importante fue que jugó bien.
16. ¡_____ bien que lo estoy pasando hoy!

297. Coloque el artículo, determinado, indeterminado o contracto, donde sea necesario.

1. En _____ hockey sobre patines España ha sido muchas veces campeón del mundo.
2. Llevó _____ traje negro durante _____ año al morir su madre.
3. Cuando escaseaba _____ azúcar, usábamos sacarina.
4. _____ avión se ha impuesto como medio de transporte para _____ largas distancias.
5. Dicen que cada hijo al nacer trae _____ pan debajo _____ brazo.
6. ¡Cómete _____ judías y no hagas más remilgos!
7. ¡Camarero, tráigame _____ cuenta!
8. No me gusta _____ sabor _____ ajo.

9. _____ tortilla a _____ española es uno de _____ platos más sabrosos y baratos.

10. _____ Reina hizo _____ valiosa donación para _____ Hospital de _____ Beneficencia.

11. ¡Espera _____ momento; me falta _____ paraguas!

12. _____ profesor Suárez de Leza no puede venir hoy a _____ clase.

13. En _____ circunstancias así uno no sabe qué hacer, amiga mía.

14. Era o _____ médica o _____ abogada. Ahora no recuerdo su profesión.

15. _____ lema que sigo es: vive y deja vivir.

16. _____ caos es _____ orden que no se ve.

298. Complete las siguientes frases con la preposición adecuada y un infinitivo.

1. Se paró _____

2. No te pongas _____

3. Se abstuvo _____

4. Nos conformamos _____

5. Contribuye _____

6. Estaba dispuesto _____

7. Me desafiaron _____

8. No te esfuerces _____

9. Se expusieron _____

10. Le incité _____

11. Nos han invitado _____

12. Se jactaba _____

13. No se ha limitado _____

299. ¿Cuáles de estos árboles existen en su país?

olmo	chopo	roble	álamo
castaño	abedul	encina	eucalipto
acacia	abeto	plátano	palmera
cerezo	manzano	naranjo	olivo

Unidad cincuenta y seis

300. Coloque los adjetivos siguientes en la posición adecuada y en su forma correcta.

Dichoso:

1. No puedo soportar más a este _____ individuo _____ .
2. La _____ gente _____ no suele saber que lo es.

Menudo:

3. ¡_____ sinvergüenza _____ estás hecho!
4. Muchos grandes hombres tienen _____ cuerpo _____ .

Santo:

5. Me estuvo dando la lata todo el _____ día _____ .
6. El _____ Jueves _____ cae este año a últimos de marzo.

Bendito:

7. Todas las iglesias católicas tienen a la entrada una pila de _____ agua _____
_____ .
8. ¡En _____ hora _____ habré dicho yo eso!

Valiente:

9. Tuvo un _____ gesto _____ al enfrentarse con ese problema.
10. ¡_____ soldado _____ eres tú!

Bonito:

11. ¡_____ plantón _____ nos han dado!
12. Esa chica tenía una _____ cara _____ .

301. Explique la diferencia de matiz que las palabras en cursiva confieren a las siguientes frases.

1. Por el prado corría un arroyo.
   Por el prado corría un *arroyuelo*.

2. La mesa tiene tres cajones.

   La mesa tiene tres *cajoncitos*.

3. El pastor cuidaba las ovejas.

   El *pastorcillo* cuidaba las ovejas.

4. Había un perro a la entrada del jardín.

   Había un *perrazo* a la entrada del jardín.

5. Era una mujer rebosante de salud.

   Era una *mujerona* rebosante de salud.

6. ¡Vaya libro que te estás tragando!

   ¡Vaya *libraco* que te estás tragando!

7. Sobre el cerro se distinguía un pueblo.

   Sobre el cerro se distinguía un *poblacho*.

8. Es un muchacho jovial.

   Es un *muchachote* jovial.

9. Es fea pero simpática.

   Es feúcha pero *resultona*.

10. ¡Qué chaqueta llevas!

    ¡Qué *chaquetilla* llevas!

11. ¿Me trae usted unas patatas?

    ¿Me trae usted unas *patatitas*?

12. Me voy a tomar un café.

    Me voy a tomar un *cafetito*.

13. ¡Buen vino bebes!

    ¡Buen *vinillo* bebes!

14. Es un autor que ha escrito un par de cosas.

    Es un *autorcillo* que ha escrito un par de cosas.

15. Se metió por unas calles apartadas.

    Se metió por unas *callejuelas* apartadas.

16. Vivía en una casa de las afueras.

    Vivía en una *casucha* de las afueras.

17. Estás pálida. ¿Qué te pasa?

    Estás *paliducha*. ¿Qué te pasa?

18. Entra despacio, no despiertes al niño.

    Entra *despacito*, no despiertes al niño.

302. Coloque los adjetivos entre paréntesis en los puntos marcados antes o después de cada sustantivo.

Las (actuales) _____ investigaciones _____ en la tecnología de los ordenadores siguen también otros rumbos. Por ejemplo, los que utilizan líquidos o gases en lugar de (eléctricas) _____ corrientes _____. Una (importante) _____ ventaja ─────────── sobre los (convencionales) ─────────── ordenadores ───────── ───── estriba en que ofrecen (mayor) ─────────── seguridad ─────────── que éstos en (adversas) ─────────── circunstancias ─────────── por ejemplo, si están sometidos a (grandes) ─────────── variaciones ─────────── de temperatura, como ocurre en los (espaciales) ─────────── vehículos ─────────── .

303. Explique la diferencia de significado entre las siguientes palabras.

1. Plan ≠ plano.
2. Temporada ≠ estación.
3. Vulgar ≠ grosero.
4. Simple ≠ sencillo.

5. Liso ≠ rizado.
6. Ralo ≠ tupido.
7. Claro ≠ espeso.
8. Suave ≠ áspero.

304. Diga los verbos correspondientes a los siguientes sustantivos.

1. Mordisco.
2. Deliberación.
3. Repercusión.
4. Persuasión.
5. Intromisión.
6. Inciso.
7. Razón.

8. Discusión.
9. Predominio.
10. Choque.
11. Tierra.
12. Cadena.
13. Tono.
14. Acento.

APUNTES DE CLASE

305. Complete el sentido añadiendo las palabras necesarias.

1. He comprado muchos menos libros _____ necesito.
2. Lo que me ofrecen es más del doble _____ gano ahora.
3. Su padre dejó al morir mucho más dinero _____ sospechábamos.
4. Le dispensan menos atención _____ merece.
5. Asistieron a la reunión muchos más _____ se esperaban.
6. Este traje te durará más _____ compraste las Navidades pasadas.
7. El estudio requería más dedicación _____ creíamos.
8. Hablaba inglés mucho peor _____ nos había dicho.
9. Gasta más dinero en un mes _____ (yo) gano en un año.
10. Esa chica es más guapa _____ me presentaste el otro día.
11. Recibió menos felicitaciones _____ se merecía.
12. Trabaja más horas _____ puede.
13. Los alumnos de este año son más cultos _____ tuvimos el año pasado.
14. Ahora tiene menos esperanzas _____ tenía cuando era joven.
15. Compra más libros _____ puede leer.
16. Tenía más talento _____ se exigía para ingresar en la diplomacia.
17. _____ más habla, más se lía.
18. ¡Es curioso!, pero _____ menos dinero tengo, más me divierto.
19. Él es muy generoso _____ con sus amigos como con sus enemigos.
20. Cuanto _____ termines, mejor.
21. _____ más se lo digo, menos me escucha.
22. Tanto los estudiantes _____ los profesores desean resolver el problema de la Universidad.
23. _____ más lo pienses, menos lo comprenderás.
24. _____ la aristocracia como el pueblo se unieron contra el invasor.

306. Rellene los espacios con la forma que exija el contexto.

1. No entiendo _____ jota de historia.
2. No patina _____ bien como dice.
3. Entiende _____ de arte como yo.
4. Mi mujer conduce mejor _____ yo.

5. Gasta tanto dinero en vicios _____ apenas le llega para terminar el mes.

6. Sé un poco más optimista; hay gente que disfruta _____ que tú de la vida.

7. No sólo se dedica al cine, _____ también al teatro.

8. Es inútil que le hables; _____ siente _____ padece.

9. ¡Ni tanto _____ _____ calvo!

10. A la corrida asistieron casi _____ extranjeros como nativos.

307. **Explique la diferencia de matiz que existe entre los siguientes pares de frases** *(más de ≠ más que).*

1. No gana más de 5.000 pesetas.
   No gana más que 5.000 pesetas.

2. No hay más existencias de las que pueden ustedes ver.
   No hay más existencias que las que pueden ustedes ver.

3. Nunca compro más de dos camisas al año.
   Nunca compro más que dos camisas al año.

4. No estuvo más de un cuarto de hora allí.
   No estuvo más que un cuarto de hora allí.

5. Ese niño no parece tener más de diez años.
   Ese niño no parece tener más que diez años.

308. **¿Qué significan las siguientes expresiones?**

1. Parabrisas.
2. Paraguas.
3. Aguafiestas (ser).
4. Cortafuegos.
5. Limpiabotas.
6. Engañabobos (ser).
7. Vivalavirgen (ser).
8. Cazadotes (ser).
9. Buscavidas (ser).
10. Perdonavidas (ser).
11. Lanzallamas.
12. Francotirador (ser).
13. Sabelotodo (ser).
14. Caradura (ser).
15. Matasanos (ser).
16. Metepatas (ser).
17. Métementodo (ser).
18. Entreacto.
19. Entrevista.
20. Sinvergüenza (ser).
21. Sobremesa.
22. Antesala.
23. Vaivén.
24. Bancarrota.

309. **Explique el uso de estos modismos y expresiones con el verbo** *pegar.*

1. ¿Ése? No sabe ni pegar un sello.
2. ¡Ojo con él! Te la pega con otra.

3. ¡Anda que te conozco! Se te han pegado las sábanas.

4. Le pegaron una bofetada mayúscula.

5. ¡Chica! Anoche no pegué ojo.

APUNTES DE CLASE

Unidad cincuenta y ocho

310. Use la preposición *por* o *para* en las frases siguientes.

1. Últimamente le ha dado _____ la pintura.
2. Se compró unas botas _____ la nieve.
3. Aplazaron el viaje _____ el verano.
4. El coche está hecho una pena _____ fuera; _____ dentro está bastante limpio.
5. Mandé al chico (a) _____ cigarrillos.
6. Te tienen _____ persona muy capacitada.
7. Aún queda mucho _____ discutir.
8. ¿Te vienes _____ el centro?
9. _____ lo menos deberías haberle avisado.
10. Este tipo se enfurece _____ cualquier cosa.
11. Estoy _____ el arrastre, chico; no puedo con mi alma.
12. Me voy _____ una semana.
13. Fue _____ Semana Santa cuando le escribimos.
14. _____ ahora no hay nada que hacer; ya veremos más adelante.
15. Ha navegado _____ todos los mares del mundo.
16. _____ Pedro, tú eres un cero a la izquierda.
17. Al principio le tomé _____ forastero.
18. _____ la hora en que llegó a casa, deduje que habíais estado de juerga.
19. Le está bien empleado _____ ingenuo.
20. Se arrastró _____ debajo de la mesa.
21. No tengo muchas ganas de ir, pero _____ mí que no quede.
22. _____ mí esa tía tiene más cara que espalda.
23. A esa novela le han dado demasiada publicidad _____ lo poco que vale.
24. ¡_____ feo, yo!
25. Nueve _____ ocho son setenta y dos.

311. Coloque la preposición *por* o *para* en las siguientes frases.

1. Esto es _____ morirse de pena.
2. Se guía mucho _____ el qué dirán.

3. ¡ _____ bromas estoy yo!

4. ¡No te vayas! Están _____ llegar.

5. _____ cierto que aún no he recibido la tarjeta de que me hablabas.

6. Eso lo doy _____ sentado.

7. Atravesó el bosque _____ el atajo.

8. ¡Felicidades!, y que sea _____ muchos años.

9. ¡ _____ poco me pilla el autobús!

10. ¡ _____ mujer guapa, la mía!

11. _____ dormir no hay nada mejor que el cansancio físico.

12. ¡ _____ esta vez pase, pero que no se repita!

13. _____ fortuna, no ha habido víctimas.

14. Lo han multado _____ aparcar en doble fila.

15. _____ serle sincero, no me gusta la música.

16. Tocó el tema sólo _____ encima.

17. No le aceptaron en el ejército _____ miope.

18. Tengan los trabajos preparados _____ el próximo martes.

19. Con la calculadora se me ha olvidado la tabla de multiplicar. ¿Cuántas son nueve _____ ocho?

20. _____ más que lo intentes, no conseguirás levantar esa piedra.

21. _____ la primavera nos vemos, ¿vale?

312. Sustituya las expresiones en cursiva por una locución con las preposiciones *por* o *para* (vea ejercicio núm. 189).

1. *En la actualidad* el mundo tiende a una liberalización en todos los órdenes.

2. *Según parece*, ella es el alma y cabeza de la empresa.

3. *Afortunadamente* nadie observó nuestro poco ortodoxo comportamiento.

4. *A propósito*, bonita, se me olvidaba, encárgate tú hoy de hacer la compra e ir a los bancos.

5. No me preguntes, porque lo leí *superficialmente* y apenas me fijé.

6. Nos visitan *demasiado a menudo*, son unos pelmas.

7. *Por desgracia y mala suerte* estalló una tormenta y se fue la luz.

8. *Ya hemos hecho lo suficiente*. Hoy hemos cumplido.

9. *Al menos* dime que me quieres un poquito. ¡No seas malo!

10. *Casi* nos perdimos en la «medina», tuvimos que vérnoslas y deseárnosla para salir de allí.

11. Mi lealtad hacia ti permanecerá firme *toda mi vida*.

12. *Aunque* lo intente no lo conseguiré. Es demasiado difícil.

13. *Finalmente* llegaron todos los invitados y los anfitriones se relajaron.

14. *Generalmente* en este país se desayuna poco y se cena tarde y mucho.

313. ¿Cuáles de estos pájaros y animales viven en su país?

oso	lobo	buitre	león
búfalo	tigre	nutria	castor
topo	reno	ciervo	halcón
foca	chacal	gorrión	lechuza
loro	jilguero	perdiz	lobo
codorniz	víbora	cobra	elefante
armiño	pantera	zorro	ruiseñor
castor	cigüeña	golondrina	águila

APUNTES DE CLASE

Unidad cincuenta y nueve

314.
Complete el sentido de las siguientes frases con estas preposiciones (algunos casos admiten más de una): *en, sobre, por, encima de, alrededor de, cerca de, lejos de, detrás de, antes de, delante de, tras de, debajo* y *dentro de*.

1. Tiene guardado el dinero _____ el cajón de su escritorio.
2. Ya hemos hablado mucho _____ este asunto.
3. Lo tendré terminado _____ el año 2002.
4. Juan Sebastián Elcano fue el primero en dar la vuelta _____ (el) mundo.
5. No opino nada _____ el particular.
6. _____ no pagar, nos insulta. ¡Es el colmo!
7. Quiere que todo el mundo gire _____ él. ¡Es un déspota!
8. _____ tus circunstancias yo no haría eso.
9. Me gusta mucho pasear _____ las calles cuando tengo tiempo libre.
10. El cenicero está _____ la mesa.
11. Los aviones enemigos dieron unas cuantas pasadas _____ (el) portaaviones.
12. Llevaba una cadena de plata _____ el cuello.
13. ¡Pon el abrigo _____ la percha!
14. Dejó la cartera _____ la silla.
15. _____ Ávila hay una muralla medieval magníficamente conservada.
16. _____ los campanarios de las iglesias españolas suele haber nidos de cigüeñas.
17. _____ el cielo se veían enormes bandadas de gorriones.
18. Mira a tu alrededor, el cenicero está _____ la silla.
19. Las olas rompían _____ acantilado.
20. «_____ El mundanal ruido» es una novela de Thomas Hardy.
21. Los rayos caían _____ los picos de la sierra.
22. _____ de la ermita había un bosque de pinos y abedules.
23. _____ (el) concierto, celebraron la entrega de premios a los galardonados.
24. Andaba _____ ese chico desde hacía mucho tiempo.
25. El sacerdote celebra misa _____ (el) altar.
26. _____ la tempestad vino la calma.

315.
Complete las siguientes frases con la preposición adecuada y un infinitivo.

1. Todos nos negamos _____ .
2. ¿Qué hicieron? Echaron _____ .

3. Jamás nos decidimos _____ .

4. De pequeña soñaba _____ .

5. Como tiene la cabeza a pájaros se olvidó _____ .

6. No te preocupes, yo me encargaré _____ .

7. Lo pasaron tan bien que ni se acordaron _____ .

8. ¡Cuánto me alegro _____ !

9. Después de mucho insistir, se animaron _____ .

10. Lo único que tienes que hacer, es acostumbrarte _____ .

11. ¿A que no te atreves _____ ?

12. Tiene tanta cara que ni se avergüenza _____ .

13. Como se estropeó el Metro, tardaron _____ .

14. Nos contentamos _____ .

316. Rellene los puntos con un verbo adecuado.

1. Se _____ al examen sin saber nada.

2. Al ver a la policía, él _____ a correr.

3. Has _____ una tontería mayúscula.

4. ¿Le gusta a usted _____ el piano?

5. Mi hermana _____ veinte años mañana.

6. Se fue a _____ un paseo.

7. Por efectos de la tempestad el barco _____ .

8. Fue a _____ el pelo.

9. Se _____ los zapatos porque le hacían daño en los pies.

10. ¿Se ha _____ usted la medicina?

11. Se han _____ a una nueva casa.

12. El automóvil se _____ contra un árbol.

13. Le gusta mucho _____ deporte.

14. Los almendros _____ en enero.

15. Los periodistas le _____ una entrevista, pero les fue denegada.

16. He _____ unas botellas a la tienda, pero todavía no han venido.

17. ¡Por favor, _____ la radio! ¡Hace mucho ruido!

18. _____ (tú) un disco más alegre; éste no me gusta.

317. Explique el sentido de las siguientes expresiones.

1. Nunca da la cara.

2. Ese tipo se trae algo entre manos.

3. Esa historia no tiene ni pies ni cabeza.

4. Se le escapó por los pelos.

5. Se lo creyó a pies juntillas.

6. Este cuadro me costó un ojo de la cara.

7. Está con el agua al cuello.

8. Vamos a echarlo a cara o cruz.

318. Diga el adjetivo que corresponde a los siguientes sustantivos.

año	crítica
sensatez	pereza
verano	sutileza
primavera	profeta
deporte	individuo
temor	monarquía
sensibilidad	práctica
comodidad	anarquía

APUNTES DE CLASE

319. Rellene los puntos con una preposición o frase prepositiva adecuada.

1. No iremos _____ pie; iremos _____ coche.
2. Se lo compré _____ cinco duros.
3. Las manzanas están _____ 200 pesetas el kilo.
4. Era muy aficionado _____ (el) teatro.
5. Se quedó absorto _____ «Las Meninas».
6. No le permito que lo haga _____ ningún pretexto.
7. No estoy _____ acuerdo _____ las conclusiones _____ que ha llegado usted.
8. Siempre se está metiendo _____ la gente; no hay quien le aguante.
9. Lo siento, pero yo voto _____ contra.
10. Estoy _____ favor de esa ponencia.
11. _____ todo pronóstico, el día amaneció nublado.
12. _____ seguir las cosas así me veré obligado _____ presentar la dimisión.
13. No he vuelto a verle _____ entonces.
14. No puedo estar _____ todo; tienen ustedes que ayudarme.
15. ¡Estás equivocado!, no hay nada _____ ella y yo.
16. ¿Cómo vienes _____ estas horas?
17. _____ ahora no he podido hablar con él.
18. _____ las cuatro habremos terminado de comer.
19. _____ lo que más quieras, no me causes más disgustos.
20. _____ últimas estadísticas más de la mitad _____ la población mundial pasa hambre.
21. _____ duda, no ha tenido suerte _____ la vida.
22. _____ todo, me molesta su manera de hablar.
23. Anda _____ un terrenito en la Costa del Sol.
24. _____ de la oficina, no había ni un alma.
25. Estoy _____ a usted. ¡Míreme!
26. ¡Disculpe! ¿No voy yo _____ de usted?

320. Complete el sentido de los siguientes ejemplos con la preposición o frase prepositiva apropiadas.

1. Hoy hemos visitado Segovia y mañana vamos _____ Toledo.
2. Los vagabundos vivían _____ (el) puente.
3. Aspira _____ una condecoración.
4. Se oía un gran tumulto _____ dentro _____ la casa.
5. Tiene una estatura muy superior _____ la normal; es un gigante.
6. Se detuvo _____ el escaparate.
7. Poca gente _____ tierra adentro no conoce el mar.
8. Está aún _____ los efectos de la anestesia.
9. _____ los árboles se filtraba un rayo de luz.
10. Se limpió los zapatos _____ un trapo.
11. No se podía navegar río arriba _____ culpa de las rocas.
12. Apoyó la escalera _____ la pared.
13. A la voz del sargento, los soldados dieron un paso _____ atrás (adelante).
14. _____ él todo son atenciones _____ conmigo nada de nada.
15. Fue una época _____ mucha escasez _____ todos los órdenes.
16. Estábamos _____ la orilla _____ (el) mar _____ a un acantilado.
17. _____ la playa _____ su casa no hay más de veinte pasos mal contados.
18. Dejémoslo _____ luego _____ ahora ya es suficiente.
19. Saltamos _____ de la valla a un solar.
20. Los hombres rana nadaron _____ de la quilla del barco.
21. _____ efectos prácticos estamos casados, aunque no legalmente.

321. Diga los términos de significación contraria a los siguientes.

1. Desesperación.
2. Alegría.
3. Bondad.
4. Verdad.
5. Profundidad.
6. Pobreza.
8. Afirmación.
9. Vanidad.
10. Enfermedad.
11. Perfección.
12. Justicia.
13. Escasez.
14. Belleza.

15. Amor.
16. Claridad.
17. Certeza.
18. Soledad.
19. Egoísmo.
20. Timidez.
22. Sinceridad.
23. Luz.
24. Prólogo.
25. Error.
26. Cortesía.
27. Sabiduría.
28. Optimismo.

322. Explique el sentido de las siguientes expresiones.

1. Siempre le están dando coba.
2. No tiene un pelo de tonto.
3. ¿Qué hay de bueno, amigo?
4. No pegué un ojo en toda la noche.
5. ¿Tienes un lápiz a mano?
6. Explicaré mis planes sobre la marcha.
7. ¡No te hagas ilusiones!
8. ¡Adiós muy buenas!
9. ¡Ojo con el tráfico!

APUNTES DE CLASE

323. Complete estas frases con una de estas partículas: *bajo, abajo* o *debajo.*

1. Esta madrugada hemos estado a 4º _____ cero.
2. El portero vive _____ .
3. _____ de los soportales de la Plaza Mayor hay muchas sombrererías.
4. El pueblo gritaba: ¡_____ con el tirano!
5. No hay nada nuevo _____ el sol.
6. Tuvimos que prestar declaración _____ juramento
7. Había muchos molinos aguas _____ del río.
8. El lápiz está _____ de ti.
9. Puedes hacerlo, pero _____ tu responsabilidad.
10. Prohibido pisar el césped _____ multa de mil pesetas.
11. El vecino de _____ se pasa el día tocando el acordeón.

324. Complete el sentido de estas frases con uno de los siguientes adverbios: *atrás, detrás, después, delante, alrededor, encima, debajo, cerca, lejos, antes* (haga todas las posibilidades).

1. Por favor, no se coloquen tan _____ , no los vemos.
2. Nosotros vivimos _____ , los caseros _____ .
3. Las niñas resolvieron los problemas _____ ; los niños _____ .
4. No sé quién está _____ , pero sí quién está _____ .
5. En esta vida es más práctico mirar hacia _____ que hacia _____ .
6. A los nuevos se les entrevistará _____ , ahora estamos con los antiguos.
7. No había ni un alma _____ .
8. Mariana pintaba, escribía y _____ sabía cinco lenguas.
9. ¿Le pasa algo al teléfono? Se te oye muy _____ .
10. ¡Ánimo, el agua está _____ !
11. Me volví, pero no había nadie _____ .
12. Eso era _____ . Ahora las cosas son muy distintas.
13. No se fijó mucho. Lo vio por _____ .
14. Dieron la vuelta alrededor y los atacaron por _____ .

325.

Complete las frases que van a continuación con uno de estos adverbios: *aún, todavía, ya*. Algunas admiten más de una forma.

1. ¿Llueve? — No, _____ no.
2. _____ sigue empeñado en salir de excursión.
3. _____ no se ven aquellos vistosos coches de caballos por las calles de Sevilla.
4. El trimestre que viene empezamos _____ el curso superior de español.
5. Le quedan _____ energías para muchos años.
6. _____ hemos estado en Canarias anteriormente.
7. ¡Qué lástima! _____ se acabaron las vacaciones.
8. ¿No es _____ hora de acostarse?
9. ¿Te vas _____ ? — No, _____ no, _____ me quedaré un ratito.
10. ¿Pero _____ no has rellenado la solicitud? ¡Qué tranquilo eres!

326.

Complete las frases siguientes con una de estas partículas: *luego, entonces, después* (haga todas las posibilidades).

1. Estoy muy ocupado, te veré _____ .
2. ¡Hasta _____ !, te espero en la tertulia, dijo _____ Pedro.
3. Las palabras de tu amigo le irritaron; _____ cogió su abrigo y se marchó.
4. De momento esperen ahí sentados; _____ les daré indicaciones precisas.
5. Por aquel _____ se vendía la naranja muy barata.
6. «Pienso, _____ existo» es el axioma de la filosofía racionalista.
7. Pero, _____ , ¿no es verdad lo de tu hermano?
8. _____ te quedaste en casa toda la tarde, ¿verdad?

327.

¿Cuáles de estas flores, plantas y arbustos se dan en su país?

margarita	manzanilla	clavel	brezo
rosa	espliego	tulipán	hipérico
romero	zarzamora	tomillo	jara
geranio	té	amapola	adelfa

Unidad sesenta y dos

328.
Elija entre los términos: *donde, cuando, cuanto, como, según*, el que mejor vaya al contexto.

1. _____ más le oigo, más me duele la cabeza.
2. En _____ termine usted esa carta, pase a mi despacho.
3. Te lo digo _____ me lo contaron, sin omitir una sola palabra.
4. _____ bebió más de la cuenta, tuvimos que llevarlo a casa.
5. _____ el relato de los testigos, el accidente pudo evitarse.
6. Iban acomodándose _____ entraban.
7. _____ voy avanzando en este estudio, me voy entusiasmando con el tema cada vez más.
8. En _____ a tu petición, me temo que ha sido denegada.
9. Me gustaría tener un piso _____ no haya ruidos.
10. Ha subido el pan, de _____ se deduce que los demás artículos también van a subir.
11. Déjate caer por casa _____ quieras; serás bien recibido.
12. Ese palacio destruido es de _____ la guerra.
13. Para _____ mi hijo esté en edad de casarse, estaré ya hecho un viejo.
14. _____ no sabía inglés le denegaron la beca para Estados Unidos.
15. Estoy de acuerdo con la idea, pero _____ y cómo se lleve a cabo.
16. Escriba _____ quiera, no hay límite de palabras.
17. Actuaron _____ mejor creyeron conveniente dadas las circunstancias.
18. Dijeron que bajarían al pueblo _____ cayeran las primeras nieves.

329.
Rellene los espacios en blanco con una de las siguientes conjunciones *pero, sino, si no*.

1. El chico tiene inteligencia, _____ le falta aplicación.
2. _____ vienen ustedes a tiempo anularemos las reservas de localidades.
3. No es de ti de quien me quejo, _____ de tu cuñado.
4. Convendría que nos pasáramos por su oficina, _____, no podremos cobrar.
5. No habla ruso, _____ lo entiende y lo escribe bastante bien.
6. Lamento tener que desilusionarle, _____ su ejercicio es bastante mediocre.
7. ¡ _____ no me ha dicho usted que iba a estar allí toda la tarde!
8. _____ fuera porque le debo ese favor le hubiera mandado a freír espárragos.

9. No sólo se codeaba con la alta sociedad, _____ que también alternaba con los humildes.

10. Es incapaz de escribir una línea _____ bebe.

11. Estás equivocado, en aquel entonces no trabajaba, _____ estudiaba.

12. Las mujeres no son débiles, _____ fortísimas.

330. Elija entre las partículas: *ya que, como, porque, puesto que, pues, mientras*, *la que o las que* mejor vayan al contexto.

1. _____ he nacido en Andalucía, soy muy sensible al frío.

2. Decidimos hacer el viaje por carretera, _____ los trenes iban demasiado llenos.

3. Aprendió a jugar al criquet, _____ estudiaba en Oxford.

4. El centro de España es seco, _____ que el norte es húmedo.

5. _____ te empeñas en saberlo, te diré que no hemos contado contigo _____ _____ antes no colaboraste.

6. ¡Así _____ os gusta mi cuadro!

7. ¿Quieres venir?, _____ entonces paga tu parte.

8. Abandonó la Universidad _____ quería dedicarse a hacer cine.

9. Vendió el coche, _____ le ocasionaba más gastos de los que le permitía su presupuesto.

10. _____ este hotel está siempre lleno, los empleados le tratan a uno a patadas.

11. _____ subía las escaleras oí una discusión en la portería.

12. Niño, _____ no seas bueno, se lo digo a tu padre.

13. _____ tenga salud y dinero en el bolsillo, ¿de qué se puede quejar?

14. ¿Cómo que cómo como? Como _____ como.

331. Complete el sentido de estas oraciones mediante una o varias de las siguientes conjunciones concesivas: *aun cuando, por mucho (más) que, si bien, y eso que, por poco que, así* (haga todas las posibilidades).

1. _____ tiempo que le dediques, lo harás perfectamente.

2. No tenía ni idea de alemán, _____ había vivido en Hamburgo muchos años.

3. No cedas _____ te lo pida de rodillas.

4. _____ ese profesor tenía gran facilidad de palabra, sus conferencias resultaban muy superficiales.

5. No te confíes _____ insista, te la puede jugar.

6. _____ frotes no sacarás esa mancha.

7. Van pavimentando todas las calles del pueblo, _____ está costando un dineral (mogollón).

8. _____ sabía tocar el piano le disgustaba hacerlo en público.

332. Explique o dé equivalentes de los siguientes vocablos del mundo de la política, la economía y los periódicos.

concertación	eurodiputado
candidatura	autodeterminación
querella	credibilidad
venta fraudulenta	enajenación mental
inseguridad ciudadana	indemnización
connivencia	amnistía fiscal
delito fiscal	devaluación de la moneda
reportaje de actualidad	programación televisiva

APUNTES DE CLASE

Unidad sesenta y tres

333. Explique el sentido de las palabras en cursiva de las siguientes frases sacadas de los periódicos.

1. Ayer se cometió *un atraco* en una joyería de la calle Almagro.
2. No he visto esa película en *La cartelera*.
3. Se celebró *un homenaje* en honor a don Miguel de Unamuno en la Universidad de Salamanca.
4. *El timo de la estampita y el tocomocho* siguen teniendo *víctimas propiciatorias*.
5. Los cines *de sesión continua* eran más baratos que los *de estreno*.
6. La sección *anuncios por palabras* está en las últimas páginas de este periódico.
7. *El servicio doméstico* está cada vez más escaso.
8. *La inauguración* de este *establecimiento* tendrá lugar el próximo lunes a las 7,30 de la tarde.
9. Ayer, a las 5,15 de la mañana, resultó *lesionado* en accidente de tráfico don Javier Hernández, *domiciliado* en Ventura de la Vega, 23.
10. Los empleados de la Empresa Municipal de Transportes percibirán este mes de marzo una cantidad considerable en concepto de *horas extraordinarias*.
11. Esta mañana se ha registrado *un aparatoso accidente* en las oficinas comerciales de la Agencia «La Veloz».
12. *El jefe de personal* del Banco Naviero ha denunciado *una estafa* de doscientos millones de pesetas cometida en la sede central de dicho establecimiento bancario.
13. *El fallo* del premio Príncipe de Asturias ha tenido lugar esta mañana.
14. *El fallecimiento le sobrevino* por haberse inyectado una sobredosis de heroína.
15. *Gestionamos hipotecas* de cualquier cantidad. Cancelamos *embargos*. Llamen al (91) 413 3170.
16. *Las deducciones para la declaración de hacienda* de este año se verán incrementadas notablemente.

334. Explique el sentido de las palabras en cursiva de estos textos periodísticos.

1. Manuel Rodríguez ha resultado herido *de pronóstico reservado*.
2. *Se traspasa local* céntrico con amplias facilidades de pago.
3. Mañana, en la iglesia del Sagrado Corazón, *se celebrará el enlace* Rodríguez Suárez-Zayas Gutiérrez.
4. Durante su estancia en Barcelona *se hospedará* en el Hotel Pacífico.
5. *Perece atropellada* una anciana de 78 años.
6. *Ecos de sociedad:* La Condesa de Candás ha presidido *la apertura* de la exposición de los «Amigos de la cultura».

7. *La esquela mortuoria* ha aparecido esta mañana en toda la prensa nacional.

8. Se ha cometido un *audaz robo* por el procedimiento del «butrón» en el banco nacional de Filipinas.

9. *El artículo de fondo* de hoy trataba del *terrorismo* y *la mafia del narcotráfico.*

10. El espinoso tema de la *autodeterminación* sigue creando controversias en la opinión pública.

11. Ayer *falleció en la Ciudad Condal* el escritor Jordi Serrat, víctima de una enfermedad incurable.

12. Se ha *legalizado el multipartidismo* en ese país africano.

13. *El tráfico de influencias y el transfuguismo* dan mucho que hablar últimamente en círculos políticos.

14. En *las revistas del corazón* y publicaciones similares aparecen casos *flagrantes* de *linchamiento moral.*

15. El impuesto sobre el *IVA* y el *valor añadido* traen de cabeza a muchos europeos.

16. *Hacienda recurre* ante *el Supremo* la absolución sobre *el delito fiscal.*

17. *La violación de los derechos humanos* es desgraciadamente hecho habitual en el mundo en que vivimos.

335. Diga los verbos correspondientes a los siguientes sustantivos.

1. Seguro.
2. Burla.
3. Dolor.
4. Cojera.
5. Compromiso.
6. Inclusión.
7. Argumento.
8. Fusil.
9. Baraja.
10. Escalón.
11. Archivo.
12. Balsa.
13. Montón.
14. Hipoteca.

336. ¿Cuáles de estas frutas ha probado usted? Descríbalas.

melocotón	chirimoya	níspero	fresa
sandía	melón	mango	arándano
ciruela	dátil	kiwi	plátano
piña	papaya	albaricoque	frambuesa

337. Lea las siguientes abreviaturas y siglas.

S.A.; TWA; ONU; (a. de J.C.); D.; D.ª; dcha.; D.N.I.; EE.UU.; F.B.I.; U.E.; gr.; grs.; Kg.; Km.; O.T.A.N.; O.N.C.E.; pág.; ej.; P.S.O.E.; P.P.; P.V.P.; RENFE; Srta.; Sres.; Sr.; T.V.E.; Vd.; Vds.; U.S.A.; V.º B.º; W.C.; S.I.D.A.; I.V.A.; E.T.A.; I.R.P.F.; C.E.E.; N.I.F.; P.N.V.

Unidad sesenta y cuatro

338. Ponga los infinitivos entre paréntesis en el tiempo y modo que exija el contexto.

Hube, pues, de renunciar a ese refinamiento, y aunque me (convertir) _____ en un bloque de hielo, esperaría a que mi hombre (salir) _____ de la Cancillería para trasladarse a la Residencia. Le daría de tiempo hasta medianoche, y le (seguir) _____ adonde fuera; (ir él) _____ donde (ir) _____, hasta medianoche estaría allí, y él se hallaría a salvo porque si estos cabrones de Londres le (haber) _____ mandado con un puñado de cartas marcadas para entregarlo a un contacto o meterlo en un buzón, yo estaría allí antes de que le (ellos echar) _____ mano. ¿No era esto lo que (ellos querer) _____ _____, que (yo ser) _____ su carabina?

(Cadam Hall, *Documento Varsovia*. Plaza y Janés)

339. Ponga los infinitivos entre paréntesis en el tiempo y modo que exija el contexto.

«Aunque los cargos comprobados no (tener) _____ sobrados méritos —decía el presidente—, la temeridad irresponsable y criminal con que el acusado (empujar) _____ a sus subordinados a una muerte inútil, bastaría para merecerle la pena capital.»

En la escuela desportillada donde experimentó por vez primera la seguridad del poder, a pocos metros del cuarto donde (él conocer) _____ la incertidumbre del amor, Arcadio encontró ridículo el formalismo de la muerte. En realidad, no le importaba la muerte, sino la vida, y por eso la sensación que (él experimentar) _____, cuando pronunciaron la sentencia, no fue una sensación de miedo, sino de nostalgia. No habló mientras no le (ellos preguntar) _____ cuál (ser) _____ su última voluntad.

—Díganle a mi mujer —contestó con voz bien timbrada— que le (poner) _____ a la niña el nombre de Úrsula—. Hizo una pausa y confirmó: Úrsula, como la abuela. Y díganle también que si el que (ir) _____ a nacer nace varón, que le (ellos poner) _____ José Arcadio, pero no por el tío, sino por el abuelo.

(Gabriel García Márquez, *Cien años de soledad*. Editorial Sudamericana)

340. Ponga los infinitivos entre paréntesis en el tiempo y modo que exija el contexto.

Tu hermano era delicado, Mario, y cualquier otro hombre con más arranques, simplemente con que (ser) _____ como tenía que ser, (haber) _____ atado a su mujer más corto. Dios me (perdonar) _____ , pero desde que los conocí, tengo entre ceja y ceja que Encarna se la (pegar) _____ , fíjate, no sé por qué, era mucho temperamento para él. Y (constar) _____ que no me gusta hacer juicios temerarios, de sobra lo (saber tú) _____ aunque luego sí, al enviudar, ella (ir) _____ por ti; eso no hay quien me lo (sacar) _____ de la cabeza, pero con el mayor descaro, ¿eh? Y así me lo (tú jurar) _____ en cruz, nunca me llegaré a creer que el día de FUIMA (ella conformarse) _____ con una cerveza y unas gambas.

(Miguel Delibes, *Cinco horas con Mario.* Ediciones Destino)

APUNTES DE CLASE

Índice alfabético de conceptos

ÍNDICE

Los números se refieren a los ejercicios, no a las páginas.

CURSO INTENSIVO DE ESPAÑOL

EDICIÓN RENOVADA

Gramática (Fernández, Fente, Siles). Madrid, 1999. 244 páginas.

EJERCICIOS PRÁCTICOS

Niveles de **iniciación** y elemental (Fernández, Fente, Siles). Madrid, 1999. (Edición renovada) 210 páginas.

Clave y guía didáctica.

Niveles elemental e **intermedio** (Fernández, Fente, Siles). Madrid, 1999. (Edición renovada) 216 páginas.

Clave y guía didáctica.

Niveles intermedio y **superior** (Fernández, Fente, Siles). Madrid, 1999. (Edición renovada) 244 páginas.

Clave y guía didáctica.